타로 카드가 우리의 잠재의식이라면,
스프레드는 우리의 의식과 같다.

골라 보는
타로 카드
스프레드 74

바버라 무어 지음
연보라 옮김

⭐무지개다리너머

§ 타로 카드명은 작은따옴표(' ')로 구분하였습니다.

차 례

4장 모든 스프레드에 추가할 수 있는 테크닉   165

머리말

내가 타로와의 여정을 시작한 초기에 레이첼 폴락Rachel Pollack의 리딩을 받는 커다란 행운이 있었다. 타로 책들 중 가장 많은 사랑을 받고 있는 『지혜의 78단계Seventy-Eight Degrees of Wisdom』와 『타로의 지혜Tarot Wisdom』를 쓴 저자다. 타로 분야에서 전설적인 인물이자 타로를 현대화시킨 인물 중 한 명이다. 나에게는 영웅이고 지금도 마찬가지다.

그녀를 처음 만났을 때 나는 눈을 반짝이며 다가가 그녀 옆에 앉았다. 그녀는 내게 리딩받고 싶은 상황을 말해달라고 했다. "당신의 질문이 무엇이죠?"가 아닌 "상황을 말해주세요"였다. 내가 이야기하는 동안 그녀는 종이에 무언가 적었다. 이야기를 마치고 나서도 계속 종이에 신기한 표시들을 했다. 잠시 후 그녀는 만족한 듯 내게 쪽지를 보여주며 말했다. "이것은 당신을 위한 리딩에 사용할 스프레드입니다." 레이첼은 스프레드를 설명해주면서 괜찮은지 물었다. 나는 차분하고 조용히 대답했다. "물론, 훌륭해 보여요." 내 마음은 세 가지 이유로 요동쳤다. 물론 그녀는 몰랐을 것이다. '세상에, 스프레드를 금방 만들 수 있다니!' '와우, 나를 위해 특별한 스프레드를 만들었어!' '이럴수가! 내가 레이첼 폴락에게 리딩을 받다니!'

이런 생각과 함께 그동안 내가 알던 세상은 단번에 바뀌었다. 레이첼은 스프레드 창작의 세계로 나를 인도했다. 그전에는 전혀 몰랐던 세계다. 자유와 구조, 창의성, 패턴, 가능성이라는 비전이 내 영혼에서 정맥으로 흘러 심장은 더욱 뛰기 시작했다. 그리고 나는 생각했다. '그래, 내가 있을 곳은 여기야.'

내가 처음 타로를 공부하기 시작했을 때 스프레드 관련 도서들은 많지 않았다. 스프레드만 모아둔 것이 전부였다. 설명이나 지침이 없었다. 나는 많은 게 궁금했다. 배치를 왜 저렇게 했을까? 세로줄로 놓은 것은 어떤 의미일까? 보이지도 않는데 왜 카드를 교차해서 놓을까? 그냥 쭈욱 일렬로 배치하면 안 되는 이유가 있는 걸까? 이런저런 모양을 만드는 것은 재미를 위해서일까, 아니면 다른 이유가 있는 걸까? 나는 스프레드가 특별하게 생각되었고 어느 정도 신성하게 생각되었다. 카드를 이해하는 만큼 스프레드를 완벽히 알고 싶었다.

1990년은 지금처럼 인터넷이 발달하지 않았다. 온라인 커뮤니티, 블로그, 웹사이트에서 배우거나 아이디어를 주고받을 수 있는 시대가 아니었다. 당시에는 책과 이해하려는 열망만 있었다. 레이첼은 내게 많은 가능성을 경험하게 해주었다. 직접 스프레드를 연구하고 창작해볼 필요성을 갖게 해주었다.

지금도 타로 작업 중 스프레드 창작을 가장 좋아한다. 사람들은 자신이 잘하는 것을 좋아하는 경향이 있다. 나는 스프레드 창작에 타고난 재능이 있는 것 같다. 게다가 타로와 관련해 패턴 찾는 것을 좋아하는데, 스프레드는 패턴을 만드는 과정이다. 스프레드는 또 대답의 틀을 제시한다. 나는 질문을 분석하고 대답을 찾는 최선의 방법을 알아가는 일이 즐겁다. 스프레드 창작은 창의성을 발휘할 기회를 준다. 이 책을 읽고 여러분도 스프레드 창작을 좋아하게 될지도 모른다.

스프레드 창작을 할 생각이 전혀 없거나 한두 번 해보고 자신의 일이 아니라는 판단이 들어도, 스프레드 디자인 방식을 이해하는 것은 큰 도움이 된다. 스프레드는 타로 리더라면 누구나 사용하는 도구다. 장인이나 명장들은 도구의 기능을 알면 알수록 능숙하게 사용할 수 있다고 한다. 스프레드마다 각기 장단점이 있다. 따라서 하나의 스프레드가 만능이 될 수는 없다.

이 책을 통해 자신이 사용하는 스프레드의 장단점을 파악하는 방법을 알게 된다. 스프레드를 얼마나 더 확장시킬 수 있는지도 알 수 있다. 구체적인 결과를 얻기 위해 스프레드를 수정하고 변형하는 방법을 보다 확실히 알게 될 것이다. 새롭고 다양한 방식으로 스프레드를 활용해 놀라운 결과를 얻을 수 있다는 확신도 갖게 될 것이다. 자신만의 효과적인 스프레드도 창작할 수 있다.

멋진 스프레드 세계로 들어가는 여정은 스프레드 역할을 아는 데서 출발한다. 리딩에서 스프레드의 중요성을 알아야 레이아웃 디자인이 어떻게 해석에 영향을 미치고 리딩으로 이어지는지 말할 수 있다. 디자인이 우리의 눈과 머리에 미치는 영향에 주목함으로써 리딩을 새로운 차원에서 이해하게 된다.

스프레드에 관한 책은 스프레드 없이는 완성되지 않는다. 이 책에는 많은 스프레드가 있다. 여러분이 가지고 놀거나 사용하거나 변형해볼 자료가 많다. 여러분은 이렇게 말할지 모르겠다. "봐! 그녀가 이걸 스프레드라고 하던데? 난 더 잘할 수 있어…" 만일 그렇다면 그렇게 하라! 재미있고 원하는 결과를 얻으면 스프레드 디자인 세계는 여러분의 것이다.

다양한 스프레드 외에도 리딩 경험을 더욱 자신의 것으로 만드는 또 다른 방법은 스프레드에 특별한 테크닉을 접목하는 것이다. 그렇게 깊이와 정밀함(또는 신비와 재미)을 더할 수 있다. 몇몇 테크닉을 시도해보고 자신의 리딩 스타일에 잘 적용해보자.

스프레드의 각 부분을 배워 그것이 서로 어떻게 협력하는지 알면 어떤 스프레드든 자신 있게 수정할 수 있다. 또 자신만의 스프레드를 창작할 수 있는 발판이 된다. 고전 스프레드를 분석하고 수정하는 방법을 단계별로 배울 것인데, 그 단계를 맛보면 자신만의 스프레드를 창작할 준비는 끝난 것이다. 이 과정을 함께 살펴보면서 스프레드를 만들어볼 것이다.

놀라운 스프레드 세계를 경험하는 여러분의 여정이 짜릿하고 만족스러웠으면 좋겠다.

타로 스프레드의 기초

리딩은 하나의 이벤트다. 이벤트에는 도구와 참가자가 필요하다. 먼저 리더와 질문자가 있어야 한다. 리더는 당연히 카드를 리딩하는 사람이다. 질문자(때로 탐구자나 클라이언트라고도 부른다)는 물어보는 사람이다. 한 여성이 자신을 리딩하면 그녀가 리더이자 질문자가 된다. 커플이나 사업 파트너 또는 두 명 이상을 리딩할 때 질문자는 그 인원수만큼 늘어난다.

질문자를 뜻하는 "쿼런트querent"는 라틴어 "묻다"에서 유래한 단어다. 따라서 리딩에 필요한 또 다른 항목은 무언가를 묻는, 즉 질문이다. 타로 커뮤니티에서는 질문이 리딩에서 중요한지에 대해 의견이 갈린다. 의견의 스펙트럼 한쪽에서는 대답에 큰 영향을 주기 때문에 질문의 표현 방식은 중요하다고 말한다. 다른 한쪽에서는 필요한 대답은 카드가 주기 때문에 중요하지 않다고 여긴다. 관행에 특별한 의미를 두지 않는 일부 리더들은 아예 질문이 필요없다고까지 말한다. 그들은 이렇게 말한다. "단지 카드를 놓고 리딩하라! 당신이 알고 싶은 것을 말해줄 것이다."

리더라면 자신이 선호하는 질문의 종류를 생각해봤을 것이다. 타로가 훌륭한 도구인 것은 "자신의" 취향과 신념에 맞출 수 있다는 데 있다.

질문의 중요성을 어디에 두든—주의 깊게 문장을 만들든, 개의치 않든— 질문은 존재한다. 심지어 타로 아나키스트tarot anarchist(관행 등에 구애받지 않고 자유롭게 타로를 리딩하는 스타일. 옮긴이)가 단순히 카드 몇 장을 뽑는다 해도(스프레드를 사용하지 않는… 상상할 수 있는가!) 거기에는 "타로가 하고 싶은 말은 무엇일까?"라는 질문이 내포되어 있는 것이다. 질문을 하든 하지 않든 스프레드와 테크닉이 사용된다.

타로 리딩을 하려면 타로 카드 덱deck(78장의 타로 카드 한 벌. 옮긴이)이 있어야 한다. 사람들이 타로에 흥미를 갖는 이유는 카드에 있다. 아마 지금쯤 여러분은 여러 개까지는 아니어도 적어도 하나는 가지고 있을 것이다. 분명한 것은 타로 리딩에 필요한 덱은 하나면 된다. 그게 전부다. 그러나 타로 예술을 좋아하고 덱을 수집하는 것이 즐거움이라면 두 가지 이상의 덱을 리딩에 혼합할 수도 있다.

메이저 아르카나 카드는 놀라울 정도로 아름다운 삽화인데 반해, 마이너 아르카나 카드는 삽화가 없어(마르세유Marseille 타로 같은) 관심이 덜 가는 덱을 가지고 있을 수 있다. 메이저 카드로만 리딩하는 훌륭한 방법이 있다. 좋아하는 덱을 여러 버전으로 가지고 있는가? 어떤 아티스트는 자신의 덱을 특별판으로 제작해 판매하고, 출판사가 그와 동일한 덱을 대중용으로 판매하기도 한다. 아마도 여러분은 전통적인 라이더 웨이트 스미스Rider Waite Smith(RWS) 덱과 그 여러 버전

중 하나인 레디언트Radiant나 유니버설Universal 덱을 갖고 있을 것이다. 4장에는 이들을 함께 다루는 방법이 소개되어 있다.

스프레드나 테크닉에 따라 덱을 선택하거나 구매한다면 다음을 고려한다. 라지 스프레드(스프레드에 사용되는 카드 개수가 20장 이상이면 라지 스프레드, 1~4장은 스몰 스프레드, 5~19장은 미디엄 스프레드로 분류한다[『타로 카드로 보는 내 삶의 여정』(조안 버닝 지음) 참조]. 옮긴이)나 카드들 관계에 초점을 맞추는 스프레드면 숫자와 슈트가 한눈에 들어오는 덱이 더 좋은 선택이다. 이미지와 상징이 보다 빠르고 확실하게 식별되기 때문에 스프레드 규모가 커도 위축되지 않는다. 더 중요한 것은 카드들 관계와 경향들이 쉽게 파악되어 일관성 있는 리딩으로 통합할 수 있다. 감탄할 정도로 섬세한 삽화의 정교한 덱은 스몰 스프레드가 더 적절하다. 스프레드와 테크닉에 대해 알아보면서 카드를 어떻게 다루는지에 주목한다. 머지 않아 자신이 수집한 덱에 어울리는 스프레드를 파악할 수 있을 것이다.

우리는 리더, 질문자, 질문, 덱의 역할을 안다. 그렇다면 타로 리딩에서 스프레드의 역할은 정확히 무엇일까?

카드 리딩에는 우리의 직관뿐 아니라 논리도 관여한다. 카드 이미지와 상징이 우리의 잠재의식에 말을 걸어오고, 우리의 의식은 그 내면의 지혜를 이해하고 파악하는 다리가 된다. 잠재의식(신성, 우주, 상위 자아Higher Self 등 여러 이름으로 불리므로 자신에게 편한 이름을 사용한다)이 보내는 메시지를 인식할 때 우리는 직관적 또는 영적인 것으로 인식한다. 잠재의식과 의식은 한 팀으로 작동한다. 잠재의식은 정보로 가득하고, 의식은 그 정보를 유용하게 조합해야 한다.

　　　　　　　　　　　　　1장　타로 스프레드의 기초

타로 카드는 우리의 잠재의식과 같다. 우리가 미처 인식하지 못하는 영감과 지혜로 가득하다. 타로 스프레드는 우리의 의식과 같다. 카드가 훌륭한 날것의 정보를 건드리고 스프레드는 그것을 조합한다. 그 도움으로 우리는 해석하고 상황에 맞게 적용할 수 있다.

우리의 의식은 세상의 패턴을 보도록 설계되어 있다. 새로운 무언가를 볼 때 우리의 눈은 과거에 봤던 것들에서 유사성을 찾으려고 노력한다. 그렇게 경험을 특징지어 이해하게 된다. 스프레드가 그런 유용성, 즉 가장 기본적인 체계를 제공한다. 스프레드의 모양, 카드 개수, 패턴 등이 어우러져 우리 눈과 마음의 출발점을 제공한다. 이를 토대로 리딩에 나오는 카드들을 해석하고 관계를 구축해 하나의 메시지로 종합할 수 있다. 스프레드가 없으면 카드가 놓인 탁자는 혼돈일 뿐 대답을 얻으려는 소통은 어려워진다.

스프레드가 제공하는 것이 시각적, 정신적 체계만은 아니다. 대답의 틀을 제공한다. 포지션position(한 장의 카드가 놓이는 자리. 옮긴이) 의미가 그 일부를 담당한다. 포지션 의미는 배치된 카드를 정의하거나 설명한다. 다음 쪽에 나오는 간단한 3-카드 스프레드를 보면 포지션 1에 배치된 카드는 과거, 포지션 2는 현재, 그리고 포지션 3은 미래를 의미한다. 이 포지션 의미는 실제 카드 해석, 질문 등과 혼합되어 특정 리딩의 의미를 만들어낸다.

포지션 의미가 없는 스프레드도 대답의 틀을 만들 수 있다. 앞으로 살펴보겠지만 카드가 그룹을 형성하는 방식이 해석에 영향을 미친다.

만능 스프레드는 없다. 스프레드마다 장단점이 있기 때문이다. 스프레드를 사용할 때 질문과 대답을 어떤 식으로 가정하는지 확인한

1
2
3
과거-현재-미래 스프레드
1
2
3
4
5
6
7
선택 스프레드

다. 모든 스프레드에는 질문과 대답이 가정되어 있다. 아래의 두 가지를 놓고 비교하는 선택 스프레드에는 몇 가지 가정이 있다.

선택 스프레드

1 선택을 대하는 질문자의 일반적인 태도

2, 4, 6 선택 A

3, 5, 7 선택 B

가정 1: 선택 A와 B를 비교하는 것이 세 개다. 각 선택이 세로줄로 마주하고 있어 시각적으로 2와 3, 4와 5, 6과 7이 관련되어 있음을 가정한다.

가정 2: 각 선택에서 고려할 것(또는 중요한 것)이 최소 세 개다. 포지션이 세 개이므로 비교할 게 더도 덜도 말고 세 개 있어야 한다.

가정 3: 선택은 두 가지뿐이다. 그러나 세 개 이상으로 조정해도 질문자는 그 모든 게 유효하다는 걸 알고 있음을 가정한다.

이 가정들이 리더나 질문자에게 중요할 수도 있고 아닐 수도 있다. 전부 수용 가능한 합리적인 것일 수도 있다. 하지만 숙련된 타로 리더는 자신이 사용하는 스프레드의 한계를 알고 있어야 한다. 그래야 필요할 때 스프레드를 수정하거나, 나중에 설명할 연속 리딩으로 다른 스프레드를 추가해 그 한계를 융통성 있게 잘 처리할 수 있다.

내재된 가정 외에 스프레드의 또 다른 이점은 첫째, 이 스프레드의 경우 선택에서 중요한 역할을 하는 질문자의 의견이나 태도를 제공한다. 둘째, 타로 리더가 선택별로 모두 리딩하기 때문에 확실하게 비교할 수 있어 검토가 쉽다. 마지막으로 결과를 예측하는 것이 아닌 정보를 제공하는 것이므로 질문자가 판단할 수 있게 돕는다.

나만의 타로 스프레드 모음

처음 사용한 스프레드만 계속 쓸 수 있지만 사실 그런 경우는 드물다. 몇 가지 시도할 것이고 이미 그랬을 것이다. 늘 사용하는 한 가지를 정해놓을 수도 있다. 몇몇 리더들은 켈틱 크로스Celtic Cross 스프레드나 그것을 일부 변형한 스프레드만 쓴다. 리더들은 대부분 자신만의 스프레드 목록을 가지고 있다. 스프레드를 수집하는 것은 마치 옷장을 채우는 것과 비슷하다. 보통 자신이 하려는 리딩에 어울릴 만한 기본 스프레드로 시작하고 나서 특별한 질문과 상황에 맞춰 추가하기도 한다. 많은 리더들이 선호하는 스프레드 유형은 다음과 같다.

- 일반적인 것
- 사랑/관계
- 직업/경력
- 건강
- 영적인 삶

이런 기본적인 것이 갖춰지면 유형별로 더 추가할 수 있다. 가령,

　　　　　　　　　　　1장 타로 스프레드의 기초

사랑/관계 유형에서 다음의 구체적인 스프레드를 갖춰놓을 수 있다.

- 현재 관계(그/그녀가 내 짝일까? 다음 단계로 발전할 수 있을까?)
- 과거 관계(또는 사람들이 많이 찾는 "그/그녀가 돌아올까?"에 대한 리딩)
- 미래 관계("앞으로 연인이 생길까?"라는 질문의 대답)

모든 사람에게 적용되는 것은 아니지만 아래의 리딩도 흔하다.

- 이별한 연인의 메시지
- 영적 조언자의 메시지
- 반려동물과 관련한 리딩
- 잃어버린 물건에 대한 리딩

수집한 스프레드에는 자신의 신념과 리딩 스타일이 반영되어 있어야 한다. 연습에 앞서 자신과 카드의 관계, 카드가 할 수 있는 일, 자신이 카드로 할 수 있는 일 등을 이해하고 있는 것이 좋다. 타로의 훌륭한 점 중 하나는 관련 행위에 맞고 틀리고가 없다는 것이다. 타로는 도구다. 자신의 신념과 윤리에 어긋나지 않는 한 자신이 좋아하는 일들을 타로와 함께할 수 있다. 시작하기 전에 자신이 카드로 무엇을 하려는지 알아야 한다. 불확실한 신념은 리딩을 혼란스럽고 뒤죽박죽으로 만들 것이다. 다음에 나오는 질문 목록이 자신의 생각과 카드로 무엇을 하고 싶은지 명확히 아는 데 도움을 줄 것이다.

연습하면서 수집한 스프레드가 늘어나고 바뀌기도 한다. 경험을 통해 자신이 어떤 스프레드를 선호하는지 구체화된다. 자신에게 가장 적합하다고 생각했던 것이 시간이 흐르면서 바뀌기도 하지만, 타로를 사용하는 방식에는 늘 자신의 신념과 스타일이 관여한다.

신념, 스타일, 그리고 테크닉

이 책에는 신념과 스타일을 많이 언급한다. 신념은 세계관이다. 즉 세상이 어떻게 움직이는지 대한 자신의 생각이다. 그로 인해 타로가 자신의 손에서 그리고 세상에서 어떻게 기능하는지 알고, 또 타로를 어떤 식으로 사용할지 판단한다.

개인의 신념이 다음 질문에 답을 하는 것이다.

- 미래는 이미 결정되어 있는가?
- 자신의 삶을 얼마나 통제할 수 있는가?
- 카드 리딩은 단순히 미래를 보여주는가, 아니면 미래를 바꿀 수 있는가?
- 미래를 보여주는 것이 가능한가?
- 실재하지 않는 인물을 리딩할 수 있는가?
- 누군가를 리딩할 때 그의 동의가 없어도 되는가?
- 리딩 메시지는 어디에서 오는가?
- 메시지가 신성으로부터 온다면 좋든 나쁘든 질문자에게 모두 말할 의무가 있는가?

                                    1장 타로 스프레드의 기초

이러한 질문에 대한 대답은 타로, 타로 저술가, 타로 선생 등이 알려주는 것이 아니다. 개인의 신념 체계에서 나온다. 자신의 생각을 알자. 자신이 무엇에 따라 살아가는지 알자. 무엇이 자신을 이끄는지 알고, 카드로 하는 모든 행위가 그것을 따르게 한다.

스타일은 좀 다르다. 비슷한 신념을 가진 리더들이라도 리딩 스타일이 다를 수 있다. 어떤 리더는 카드 한 장으로 열 가지 질문에 대한 대답을 찾는다. 또 어떤 리더는 한 가지 상황을 보는 데 덱의 절반을 사용한다. 포지션 의미가 분명한 것을 선호하거나, 반대로 정해진 포지션 없이 카드를 놓고 이야기하는 것도 스타일 차이다. 카드 앞면을 위로 향할지 아래로 향할지 정하는 것도 스타일 문제다.

타로로 하는 모든 행위의 이유를 아는 것은 중요하다. 타로는 온전히 상징적이다. 이미지, 숫자, 슈트, 카드명, 상응 등… 이 모든 게 상징 요소다. 타로는 의식과 잠재의식, 에고와 상위 자아, 영혼과 신성 사이를 이어주는 다리 역할을 한다. 상징은 이러한 소통을 촉진시키는 데 필수적이다. 셔플shuffle(카드를 섞는 것. 옮긴이) 방법, 질문 문구, 카드 배치 등 카드로 하는 모든 행위 역시 상징적이다. 카드를 연구하고 공부하듯이 스프레드와 테크닉을 공부해야 한다. 스프레드는 무엇을 의미하는가? 어떻게 소통하고 이해하도록 도와주는가? 테크닉은 모든 스프레드에 접목할 수 있는 관행이다. 4장에 필자가 즐겨 쓰는 테크닉들이 있다. 테크닉은 신념이나 스타일을 따른다. 어떤 테크닉을 사용하기에 앞서 그 상징 원리를 알고 거기에 자신의 신념이 동조하는지 생각해본다.

가령 역방향으로 나온 카드를 정방향으로 돌려놓고 리딩하는 테크닉이 있다. 역방향 카드 사용 여부는 스타일에 따른 선택이지만 거기에는 신념이 관여한다. 미래는 바꿀 수 없다고 믿는다면 아마 그 테크닉을 사용하지 않을 것이다. 메이저 아르카나 카드는 질문자가 통제할 수 없는 사건을 보여주고, 마이너 아르카나 카드는 질문자가 통제할 수 있는 사건을 보여준다고 믿고 있다. 그러면 메이저 카드는 역방향 그대로 두고 마이너 카드만 정방향으로 돌려 사용할 수 있다.

다양한 스프레드의 요소와 작업 방식을 살펴볼 때 자신의 신념과 스타일을 염두에 둔다. 그리고 스프레드의 상징성에 자신이 어떻게 반응하는지도 기억해둔다. 이들 세 요소가 어우러져 진정한 내적 공명이 일어나 자신만의 리딩 방식이 만들어질 것이다.

자신만의 스프레드 구성하기

수집한 스프레드가 늘고 실력도 늘면 스프레드를 기록하고 싶어진다. 타로 책 대부분이 타로 일지를 쓰라고 권한다. 그런 책들에는 일지 형식, 쓰는 방법 등 아이디어가 많다. 타로 일지만큼이나 스프레드 기록에도 여러 가지 선택을 할 수 있다. 어떤 식으로 기록하든 사용하지 않았어도 관심이 가는 스프레드가 있으면 그것도 기록한다. 새로운 스프레드로 작업했다면 그 리딩도 같이 기록한다. 어떤 식으로 작동하고 얼마나 정확한지 적어둔다. 이런 기록이 나중에 스프레드를 수정하고 싶을 때 도움이 된다. 5장에 이에 대한 설명이 있다.

일지를 쓰는 여러 방식을 시도하다보면 자신에게 맞는 방법을 찾

　　　　　　　　　1장 타로 스프레드의 기초

게 될 것이다. 그때까지 도움이 될 만한 아이디어로 바인더를 활용해 볼 수 있다. 바인더는 기록지를 넣다 뺄 수 있고, 가림판으로 스프레드 유형(일반적인 것, 관계, 직업, 영적인 것 등)을 분류할 수 있다. 어떤 스프레드를 사용해 리딩이 끝나면 그것을 기록한 종이를 해당 유형에 추가한다. 그렇게 해당 스프레드로 리딩한 모든 기록이 한곳에 모인다.

또 다른 아이디어는 간단한 메모 카드를 활용할 수 있다. 리딩하는 탁자 위에 놓고 쉽게 참조할 수 있다는 것이 장점이다. 일반 노트에 비해 덜 번거롭다. 메모 카드는 인덱스 칸막이가 있는 박스에 보관한다. 그 칸막이로 스프레드 유형을 분류한다. 바인더 방식과 마찬가지로 모든 리딩을 기록할 수 있고 적절하게 정리할 수 있다. 보관 박스로 마땅한 것이 없으면 메모 카드 크기에 맞는 작은 앨범을 이용한다. 자신만의 스프레드 책자가 되고 보관도 편리하다.

새로운 스프레드 사용하기

아무리 훌륭한 스프레드라도 새로운 걸 제대로 알려면 시간이 걸린다. 몇 번 시도하면서 여러 상황에 어떻게 작동하는지 확인한다. 다음은 새로운 스프레드를 짧은 시기에 최대로 경험하는 방법들이다.

나를 리딩하기

이 방법에는 약간 제약이 따른다. 자신을 리딩하는 게 어려울 수 있고, 동일한 유형의 리딩을 두 번 이상 시의적절하게 할 확률이 낮아서다. 그럼에도 시작해보는 방법으로 나쁘지 않다.

테스트든 실제 리딩이든 다른 사람을 리딩하듯이 큰소리로 리딩한다. 나중에 들어볼 수 있게 녹음도 한다. 스프레드 흐름이 잘 느껴지고 리딩 스타일을 다듬을 수 있다. 녹음을 하더라도 일지는 쓴다.

유명인 리딩하기

할리우드 소식을 접할 수 있는 잡지, 웹사이트, 블로그를 찾아보거나 「엔터테인먼트 투나잇Entertainment Tonight」 같은 연예 정보 방송을 즐겨보는 사람이라면 이 방법이 더 쉽다. 그런 매체에는 스타들의 사생활 기사가 늘 있다. 한 행사장에 두 명의 스타가 같이 있는 모습이 목격되었다는 기사가 났다고 하자. 그들 관계가 어떻게 발전할지 리딩해보는 것이다. 또 어떤 배우가 새로 제작되는 영화에 역할을 제안받고 검토 중이라는 기사를 보면 그 역할을 맡을지 리딩해본다. 오스카 시상식을 보면서 후보자를 모두 리딩해 누가 상을 탈지 예측해볼 수도 있다.

재미있고 좋은 연습 방법이지만 윤리에 어긋난다고 생각하는 사람도 있다. 많은 리더들이 당사자가 동의하지 않는 리딩을 거부한다. 하지만 연습이고 자신과 일지에만 공개될 뿐 다른 방식으로 공유되지 않는다. 그런 방법이 괜찮은지 스스로 판단해야 할 것이다.

가상의 질문자 리딩하기

어린아이가 놀이 친구를 상상하는 것과 비슷하다. 잠재적 질문자와 그의 상황을 상상해서 리딩한다. 어떤 리더들은 이것을 신성 모

　　　　　　　　　　　　　　1장 타로 스프레드의 기초

독이라 생각한다. 리딩은 신성한 소통이고 거짓으로 꾸미는 리딩은 그 관계를 욕되게 한다고 말이다. 다시 말하지만 스스로 어떻게 생각하는지 판단해야 할 것이다. 필자도 리딩이 신성과의 대화임을 잘 알고 있다. 그러나 신성, 즉 메시지의 근원에서는 우리가 발전하려고 노력한다는 것을 알고 있다. 따라서 필자는 신성 모독이라 생각하지 않는다.

최근 개최한 워크숍에서 한 학생은 코트court 카드(덱에는 완드, 컵, 소드, 펜타클 4개의 슈트가 있고, 각 슈트에는 10장의 숫자 카드와 4장의 코트 카드[킹, 퀸, 나이트, 페이지 카드]가 있다. 옮긴이)에서 한 장을 뽑아 그것을 질문자로 "만들자는" 제안을 한 적이 있다.

온라인 커뮤니티에서 무료 리딩하기

타로를 배우는 사람들끼리 리딩을 주고받을 수 있는 여러 온라인 커뮤니티가 있다. 누군가와 실제로 소통하는 것이므로 유용한 피드백을 받을 수 있어서 연습 방법으로 좋다. 페이스북 사용자라면 거기서 맺은 친구들에게 무료 리딩을 제공해볼 수 있다.

지역 내 타로 모임에 참여하기

자신이 사는 곳에 타로 모임이 있는지 찾아보자. 없으면 직접 만들어본다. 모임에서 스프레드를 가르칠 수 있는지 물어본다. 모임 구성원끼리 서로 파트너가 되어 리딩을 해주고 피드백 시간을 꼭 갖는다. 필자는 이런 방식으로 지역 모임에 참여한 적이 있는데 사람들이 즐거워했다. 또 서로가 각자의 스프레드를 사용하는 경험을 통해 도움을 받았다.

몇 가지 기본 사항을 알았으니 이제 스프레드가 작동하는 실질적인 것들을 자세히 알아보자. 다음 장은 스프레드 레이아웃의 원칙들을 분석하고, 이를 통해 어떻게 리딩을 향상시킬 수 있는지 소개한다.

스프레드 디자인의
원칙과 레이아웃

　스프레드에서 레이아웃은 말 그대로 탁자 위에 카드를 배치하는 방법이다. 레이아웃을 통해 스프레드 특성이 드러난다. 당연하다. 스프레드에서 제일 먼저 눈에 띄는 것이 레이아웃이기 때문이다. 그래서 패턴이 중요하다. 디자인이 잘된 스프레드는 레이아웃을 잘 활용해 리딩 경험을 풍성하게 하고 쉽게 해석이 되는 효과가 있다. 비효율적인 디자인은 리딩의 진행 과정을 방해할 뿐이다.

　레이아웃의 중요성을 알려면 미술과 그래픽 디자인을 떠올려보면 된다. 둘 다 디자인과 구성 원칙을 활용해 메시지를 표현하고 전달한다. 그 원칙은 시선 처리와 심리적 반응에 기반한다. 이런 원칙은 문화권마다 다르다. 가령 우리는 책을 읽을 때 왼쪽에서 오른쪽으로 읽고, 시계 바늘도 당연히 왼쪽에서 오른쪽으로 움직인다고 생각한다. 하지만 세상 모든 문화권이 그런 것은 아니다. 예술가나 그래픽 디자이너들은 디자인과 구성 원칙에 일종의 완벽한 목록이 있다고 생각하지 않는다. 그렇다면 누구나 훌륭한 디자인을 아주 쉽게 하지 않겠는가. 그러니 앞으로 나올 개념에 대해 지나치게 분석적으로 받아들이지 않았으면 한다.

디자인은 우리의 본능적 반응, 눈과 마음의 자연스런 움직임을 기반으로 하기 때문에 효과적이다. 이런 개념을 이해하고 사용에 충분히 주의를 기울이되 거기에 너무 함몰되지는 말자.

타로 책들은 대부분 수비학, 원소, 별자리와의 상응 개념을 설명한다. 타로 카드를 더 잘 이해하고 해석에 도움을 주기 위해서다. 해석의 자연스러운 흐름을 방해하는 것이 아닌 지원하는 역할을 한다. 레이아웃과 디자인 원칙도 그런 맥락에서 활용한다. 하나의 스프레드에 레이아웃이 여러 개 보이면, 이 책에 소개된 아이디어를 활용해 카드와 포지션 관계를 좀 더 들여다본다. 리딩이 더 깊어지고 수월해질 것이다.

디자인 원칙

일반적인 디자인 원칙에 대해 알아보자. 예술 작품, 책 표지, 집 인테리어, 정원 가꾸기, 패션 등 일상에서 흔히 볼 수 있어 그리 어렵지 않다. 다음은 레이아웃의 특징에 관한 개념이다.

강조 또는 균형

가장 먼저 시선을 끄는 한 장의 카드(또는 카드 그룹)가 있다면 그 카드(또는 카드들)가 제일 중요하다는 의미다. 스프레드에서 시선이 먼저

　2장 스프레드 디자인의 원칙과 레이아웃

가는 곳을 기록한다. 그곳이 스프레드에서 가장 중요한가? 왜 그런가 또는 왜 그렇지 않은가? 시선을 끄는 한 장의 카드나 카드 그룹이 없으면 우리의 균형감각은 모든 카드가 동일하게 작용한다고 추정한다. 어느 쪽이 더 나은 것은 아니다. 스프레드가 도달하는 목적지에 따라 다르다. 한 요소가 눈에 들어와 해석에 도움을 주면 그게 최선의 선택이다. 여러 요소가 동일하게 눈에 띄고 도움이 되면 그 또한 최선의 선택이다. 아래 스프레드를 보자.

위 스프레드에서(20세기 초 아서 에드워드 웨이트Arthur Edward Waite가 창안한 켈틱 크로스[당시 그는 "고대의" 예지 수단이라 불렀지만]) 중앙에 있는 두 장의 카드가 먼저 눈에 들어온다. 그리고 그것을 둘러싼 네 장의 카

드가 균형감을 준다. 그 옆의 기둥은 주 영역과 조금 떨어져 있는 것 같아 덜 중요해 보인다.

대칭

스프레드의 항목 개수가 짝수면 규칙적이고 견고한 느낌을 주어 우리의 눈과 마음이 편안하다. 홀수 개수면 스프레드에 움직임과 에너지가 생겨 더욱 역동적인 느낌을 준다. 아래 예시는 대칭과 비대칭을 비교한 것이다.

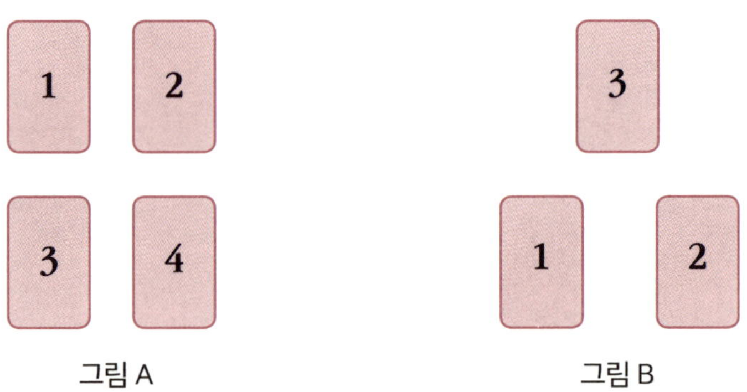

그림 A　　　　　　　　　　　그림 B

그림 A는 패턴이 자리 잡고 있어 우리의 눈은 균형을 기대한다. 따라서 "여기에 어울리지 않는 것"에 쉽게 주목한다. 두드러져 보이는 카드나 혼란을 야기하는 에너지가 보이면 문제가 있다고 가정해 균형을 회복하려 할 것이다. 일반적으로 타로 리딩을 하는 가장 큰 이유 중 하나가 상황에 방해가 되거나 지장을 주는 에너지를 알고 싶기 때문이다. 그러므로 레이아웃에 안정적이고 규칙적인 패턴을 포함시

　　　　　　　　　　2장　스프레드 디자인의 원칙과 레이아웃

키는 것이 유용하다.

그림 B에서 우리의 눈은 움직임이나 흐름을 기대한다. 만일 카드가 침체된 느낌을 보여주면 우리의 마음은 부족한 에너지를 찾으려 할 것이다.

간격

카드 간격은 특별한 이유가 없는 한 일정하다. 그렇지 않다면 불안과 호기심이 생긴다.

아래 예시를 보자.

그림 A

그림 B

그림 A에는 패턴이 있어 우리의 마음은 선형적 또는 논리적 전개를 기대한다. 따라서 흐름이 깨지거나 논리에서 벗어난 카드가 보이면 거기에 주목하게 된다.

그림 B는 그룹을 이루는 네 장의 카드에 먼저 눈이 간다. 다섯 번째 카드는 그보다 늦게 생각하거나 반응한다. 카드 4와 5 사이에 무슨 일이 있는지 호기심이 생긴다. 뭘 놓쳤을까? 숨겨진 것은 무엇일까?

반복

반복 구성은 균형과 통일성을 강조한다. 기대감과 패턴을 만들 때 사용한다. 우리의 마음은 패턴을 찾느라 노력한다는 것을 기억하자. 반복이 끊어지면 긴장감이 생긴다. 긴장감은(또는 긴장감 결여는) 좋거나 나쁜 것이 아니다. 다시 강조하지만 어떤 이유에서든 이런 개념을 의식적으로 활용하면 그 상황에서 최선의 선택인 것이다.

아래 스프레드는 세 그룹이 일정하게 반복되는 패턴이다. 안정된 느낌을 준다.

앞에서 본 대칭 예시처럼 시각적 안정감을 주기 때문에 우리의 눈은 리딩 상황에서 나타나는 혼란이나 문제에 쉽게 주목할 수 있다.

아래는 대칭이 포함된 변형이다. 시각적으로도 심리적으로도 흥미를 불러일으킨다.

     2장 스프레드 디자인의 원칙과 레이아웃

이런 레이아웃은 분리된 요소에 대해 기대감을 높인다. 무슨 일이 일어나는지 알기 위해 우리의 눈은 계속 앞으로 이동하려 한다. 리딩에서 어떤 특정한 것을 보여주려는 게 아니라면 패턴이 없는 것은 혼란만 야기한다.

패턴이나 대칭이 없는 스프레드는 혼란스럽고 산만하게 느껴진다.

위와 같이 패턴이 전혀 없는 레이아웃은 스프레드로써 거의 도움이 되지 않는다.

레이아웃

스프레드는 카드를 특정 패턴으로 배치할 것을 지시한다. 탁자 위에 카드를 놓는 방식을 그림으로(작은 직사각형 안에 숫자로 표시) 보여준다. 모든 리더가 동의하는 것은 아니지만, 필자는 카드 레이아웃이 스프레드 효과에 영향을 준다고 생각한다. 처음 카드를 리딩하기 시작했을 때 필자는 스프레드 디자인에 대해 아는 게 전혀 없었다. 대부

분의 스프레드 책들은 해당 레이아웃을 선택한 이유를 알려주지 않
았다. 결국 포지션 의미에 집중할 수밖에 없었다. 포지션 의미는 매우
중요하나. 하시만 그것만으로 카드들이 어떻게 어우러져 하나의 리
딩으로 완전한 메시지를 만들어내는지 알기 어렵다.

　카드 배치 방식이 중요한 이유를 보자. 아래 스프레드에는 숫자나
포지션 의미가 없다. 덱에서 카드 세 장을 뽑는다. 그림처럼 여러 디
자인으로 배치해보고 카드에 담긴 이야기를 만들어본다. 포지션에 따
라 카드들 관계가 어떻게 달라지는지 주목한다.

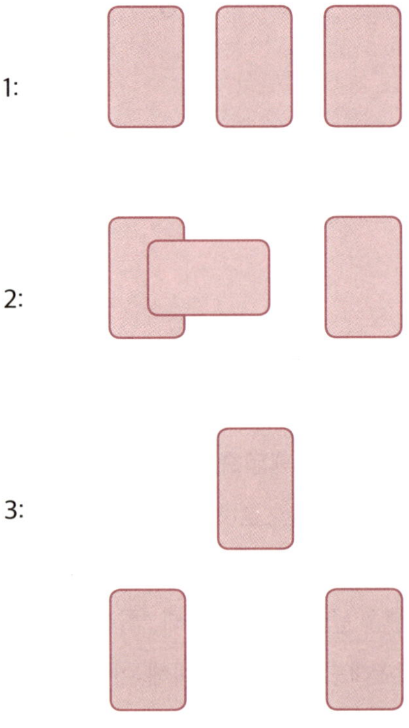

　　　　　　　　　　2장 스프레드 디자인의 원칙과 레이아웃

카드 위치가 상대적으로 더 위에 있는가? 동일한 높이인가? 그런 관계가 이야기 맥락에 어떤 영향을 주는가? 특정 카드의 이미지도 살펴본다. 배치가 바뀔 때 카드의 인물들이 서로를 보는지 외면하는지 살펴본다. 카드 배치만 바꿨을 뿐인데 이야기의 에너지와 해석 방식이 달라지는 것이 놀랍다.

눈에 보이는 카드들 관계가 해석 방식에 영향을 미친다. 우리의 마음이 거기에 반응하기 때문이다. 짝으로 배치된 카드는 서로 관련시켜 리딩한다. 한 줄로 배치된 카드는 선형적 서사로 리딩한다. 카드가 위에 있거나 그룹과 떨어져 있으면 중요한 것으로 간주한다. 이런 실험을 통해 카드들 관계가 자연스럽게 또 무의식적으로 생긴다는 것을 알 수 있다. 이런 개념들이 의식될 때 카드 의미를 대응시키듯 더 의미심장하게 활용할 수 있다.

다음에 나오는 레이아웃들은 그 자체로 스프레드가 되거나 다른 레이아웃과 합쳐져 라지 스프레드를 만들 수 있다.

단독 카드

단독 카드는 마치 "나는 특별해! 나에게 주목해!"라고 말하는 것 같다. 스프레드 내 포지션에 따라 리딩에서 핵심으로 간주되거나, 고유의 입장을 보여주거나, 논리적 결론을 제시하거나, 카드와(또는 카드 그룹과) 다른 카드 사이를 잇는 다리 역할을 한다. 그룹에서 떨어진 카드는 긴장감을 조성하는데, 특히 균형을 깨뜨리거나 간격이 일정치 않으면 더 그렇다.

짝

두 장의 카드를 가로로, 세로로, 대각선으로, 또는 교차시켜 짝으로 배치한다. 일반석으로 카드 짝은 서로 연관시켜 해석한다. 짝 카드는 포지션 명칭만큼이나 해석에 영향을 미친다. 가로 짝은 영향력이나 중요성이 동등하다는 것을 드러내곤 한다. 세로 짝은 위계를 보여주고, 대각선 짝은 에너지 흐름과 관련된다. 교차 짝은 말 그대로 서로 갈등을 빚거나 반대편에 서 있음을 암시한다.

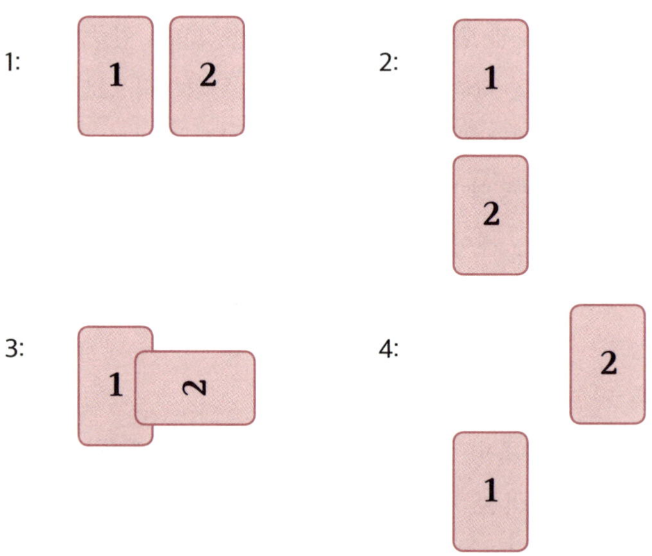

선형

선형 배치는 세 장 이상의 카드로 구성되고, 하나의 그룹으로 해석한다. 가로 선형은 시간 순서 같은 일종의 흐름을 보여준다. 가장 일반적인 것이 과거-현재-미래 스프레드다.

    2장 스프레드 디자인의 원칙과 레이아웃

세로 선형은 위계를 나타내는 데 적합하다. 일반적인 것이 몸-마음-정신 스프레드다.

대각선 선형은 상승 또는 하강하는 과정을 보여준다. 목표를 향한 단계, 무언가를 성취하는 데 필요한 행위 등이 될 수 있다.

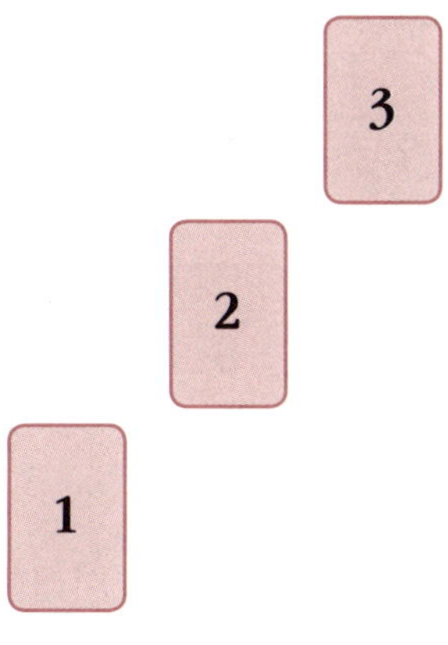

다리형

다리형은 두 곳을 연결한다. 두 장의 카드를 단순히 짝으로 직접 연결시키는 것이 아닌, 다리 카드와의 관련성으로(때로는 대립 관계로) 연결시켜 리딩한다.

격자형

격자형은 여러 선형으로 구성되고, 각 선형은 하나의 그룹이 된다. 일반적으로 포지션 의미보다 행과 열에 의미를 지정한다.

위 예시에서 가로 선형은 과거, 현재, 미래를 보여주고 세로 선형

　　　　2장 스프레드 디자인의 원칙과 레이아웃

은 직업, 가정, 사랑을 보여준다고 하자. 리더는 질문자 인생의 다양한 영역에서 일어나는 상호 작용을 보다 쉽게 파악할 수 있다.

삼각형

삼각형은 그 규모가 다양하고, 상하좌우 어느 한쪽을 향할 수 있다. 한 곳에서 나오거나, 한 곳으로 모이는 에너지 또는 사건의 움직임을 보여준다.

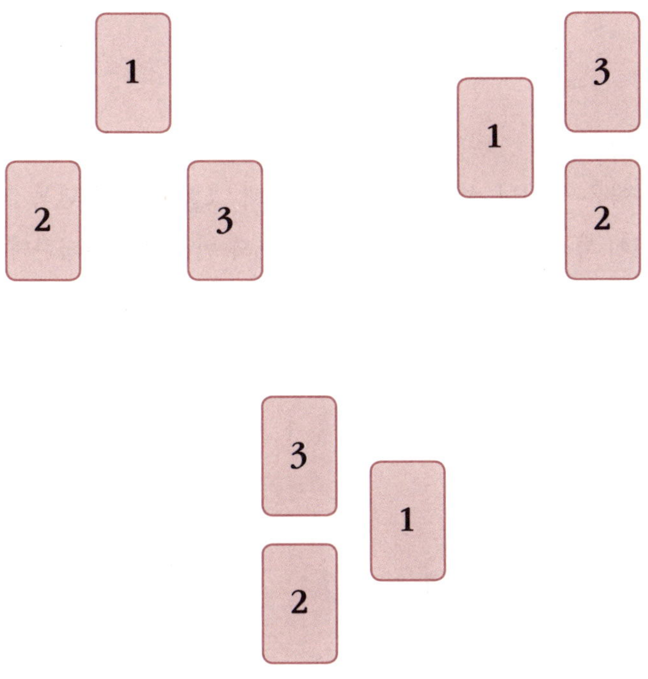

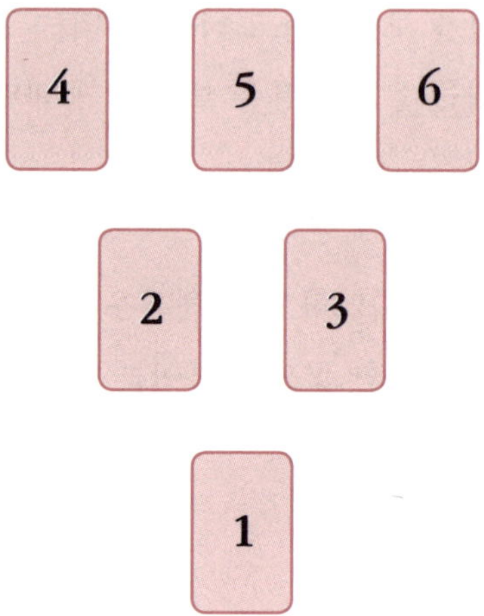

십자형

십자형은 원이나 선으로 이루어지는데 그룹 중앙에 단독 카드가 있는 것이 특징이다. 각 카드는 중앙 카드와 관련지어 리딩한다. 중앙 카드를 제외하고 에워싼 카드들만 관련지어 리딩하는 경우는 없다.

　　　　2장 스프레드 디자인의 원칙과 레이아웃

카드들이 원형을 구성해도 중앙에 카드가 있으면 십자형으로 간주한다. 모든 카드가 어떤 식으로든 중앙 카드와 관련되기 때문이다.

원형

원형은 십자형과 비슷하지만 중앙에 카드가 없다. 따라서 옆의 카드와 관련지어 리딩한다. 보통 시계 방향으로 진행되고, 카드에서 그 다음 카드로 흐르는 주기나 전체성을 보여준다.

이론에서 실전으로

이론적 토대는 좋은 출발점이 된다. 레이아웃에 대해 읽었으니 카드를 사용할 때 그 원칙들이 카드에 어떻게 적용되는지 확인해보기 바란다. 이제 이런 개념들을 기존 스프레드에 어떻게 적용할지 살펴보려 한다.

다음에 나오는 켈틱 크로스 스프레드는 어느 시점이 되면 누구나 배우는 고전 스프레드다. 많은 사람들이 자신의 목적에 맞게 조금 변형해 사용한다. 가장 흔한 변형이 시그니피케이터significator 포지션을

        2장 스프레드 디자인의 원칙과 레이아웃

빼는 것이다(시그니피케이터는 부록 C 참조). 이 스프레드를 이용해 앞서 설명한 디자인과 레이아웃 개념이 어떻게 혼합되어 리딩에 깊이와 집중을 더해주고 해석을 용이하게 하는지 살펴보자.

대부분 리더들은 질문, 뽑은 카드, 포지션 명칭을 함께 엮어 각 카드를 해석한다. 이것만으로도 충분히 만족스러운 리딩이 된다. 그러나 라지 스프레드 안에 있는 스몰 스프레드를 리딩함으로써 해석의 뉘앙스를 더욱 풍성하게 얻을 수 있다.

이 스프레드에는 스몰 스프레드가 여럿 있다. 먼저 중앙에 교차된 짝 카드 1과 2가 있다. 또 1에서 6까지 큰 십자형을 이루고 있다. 3, 1, 2, 4는 세로 선형을 5, 1, 2, 6은 가로 선형을 구성하고 있다. 7에서 10은 또 다른 세로 선형을 이룬다.

51쪽의 예시를 보자. 우리는 포지션 1에 놓인 '퀸 소드Queen of Swords'에 주목하면서 리딩을 시작하게 된다. 이 카드는 질문자가 지성과 경험을 토대로 진실을 명확하게 논하는 자신감 있고 똑똑한 사람이라 말하고 있다.

카드 2는 '심판Judgement' 카드가 나왔다. 신성의 계시, 즉 깨달음이 질문자를 가로막고 있다. 이 교차 짝을 대극 카드로 관련지어 리딩하면 무엇을 알아낼 수 있을까?

일반적으로 '퀸 소드'는 진실을 알고 있다는 강한 확신과 자기 생각을 빠르게 전달하는 인물이다. 그런 그녀를 '심판' 카드가 가로막고 있어, 아마도 본인에게는 달갑지 않은 깨달음이라 가정해볼 수 있다. 그녀는 어떤 놀라운 계시를 마주했지만 자신의 진실성을 모욕한다고 느껴 받아들이지 않을 가능성이 높다. 새로운 중요한 정보를 얻

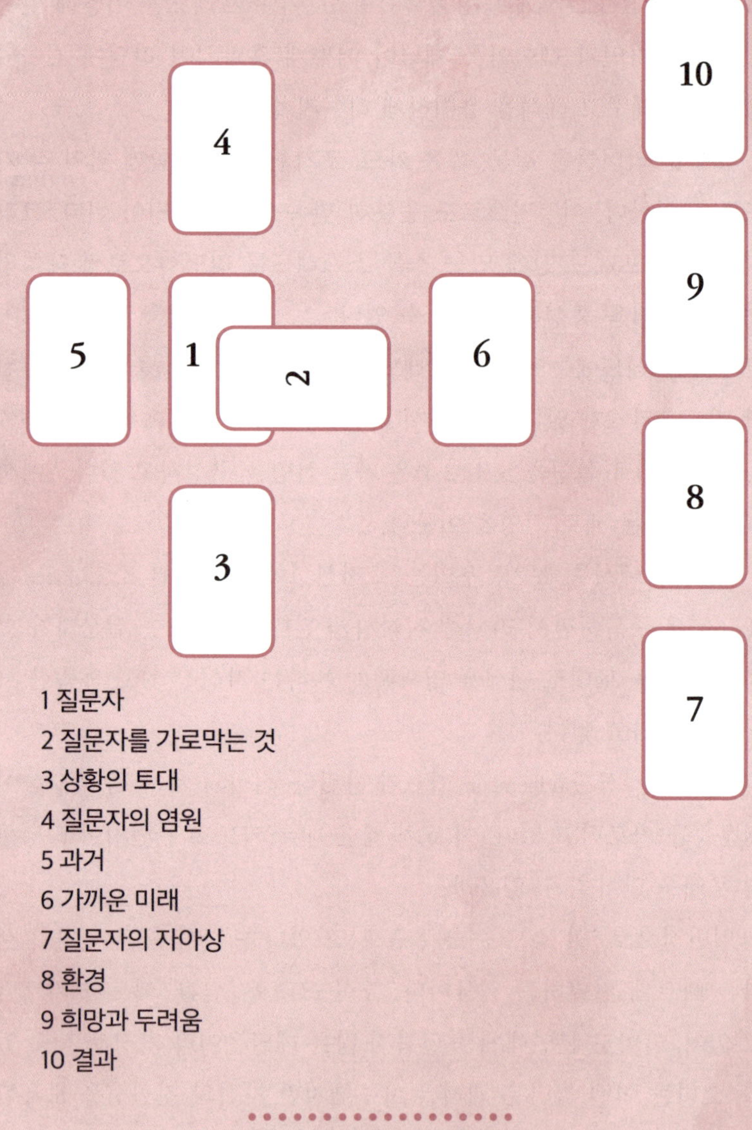

1 질문자
2 질문자를 가로막는 것
3 상황의 토대
4 질문자의 염원
5 과거
6 가까운 미래
7 질문자의 자아상
8 환경
9 희망과 두려움
10 결과

켈틱 크로스 스프레드

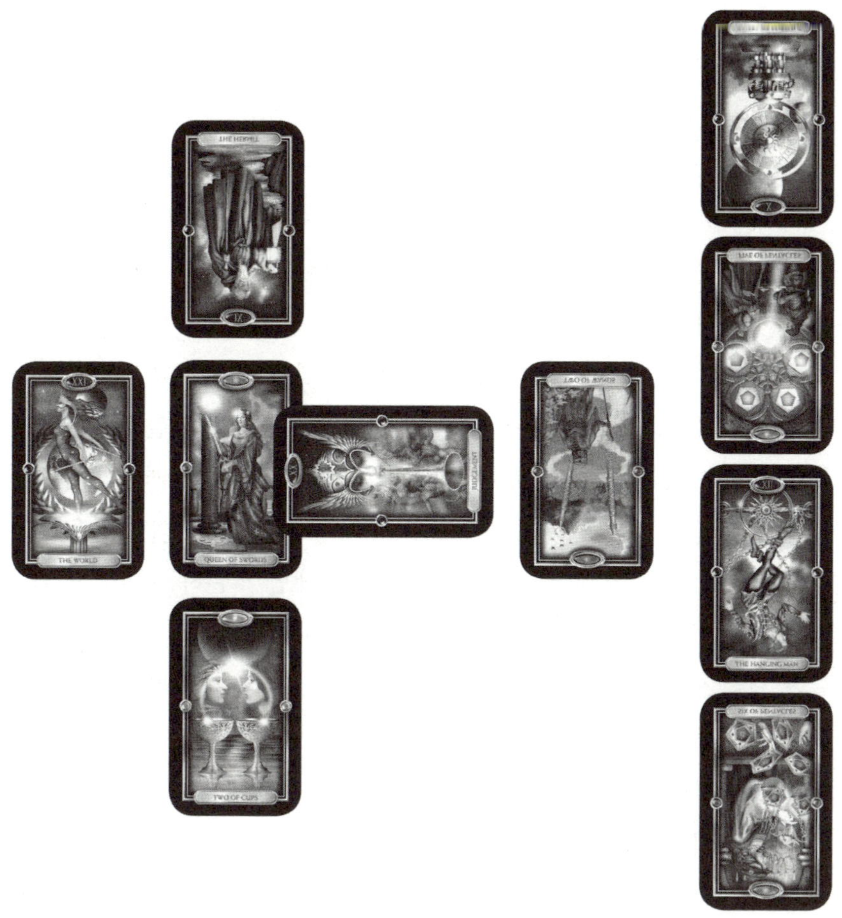

었지만 그녀는 매우 방어적이다.

카드 5(과거)에 '세계The World', 카드 6(가까운 미래)에 '2 완드Two of Wands' 역방향이 나왔다. 그녀는 지금 삶의 중요한 주기를 마쳤고, 앞으로 뭘 해야 할지 모를 불편함에 직면해 있다. 이것은 유용한 정보지만 카드 5, 1, 2, 6의 과거-현재-미래를 리딩함으로써 숨은 무언가를 더 알아낼 수 있다. 질문자는 최근 자신의 삶에서 중요한 목표나 주기를 끝냈다. 이 성취가 그녀에게 계시를 주었고, 그 계시는 그녀를 방어적으로 만들었다. 자신의 성공을 축하하기보다는 초조하고 불안하다. 이런 상태가 그녀를 다소 무력하게 만든다. '퀸 소드'라면 다음 단계로 큰 프로젝트를 계획하는 것이 당연한데, 그러지 못하고 애태우며 망설이고 있다.

카드 3은 상황의 토대다. 질문자가 왜 리딩을 하는지 그 단서를 제공한다. '2 컵Two of Cups'이 나왔다. 지금까지 나온 카드들은 프로젝트나 경력에 관한 것인데, 이 카드는 감정을 드러낸다. 게다가 연애를 암시한다. 카드 4인 '은둔자The Hermit' 역방향이 그녀의 염원을 보여준다. 그녀는 혼자 있기 싫고, 자신의 빛에만 의존하는 일에 지친 것 같다.

세로 선형인 3, 1, 2, 4를 리딩하면서 흥미로운 전개가 만들어진다. 보통 가능성 있는 관계가 시작되면 긍정적으로 생각하는데 질문자는 흔들리고 불안해한다. 자기 내면의 '은둔자'에게 다가가려던 그녀는 외부에서 그를 발견하게 된다! 자기 삶을 통제하던 독립적인 '퀸 소드'는 지금껏 원하던 것을 더 이상 원하지 않고 있음을 깨닫는다.

이것은 큰 깨달음이다. 최근에 이룬 성취에도 불구하고 그녀는 이상하게 다른 관심사… 즉 연애에 끌리고 있음을 알게 된다. 자신을 안내하던 '은둔자'의 램프 빛이 뒤집혀져서 혼란스러운 그녀는 스스로를 의심한다.

나머지 카드들이 이를 뒷받침한다.

　2장 스프레드 디자인의 원칙과 레이아웃

여기서 이 네 장의 카드를 따로 살피지는 않을 것이다. 대신 카드 4, 6, 10을 볼 것이다. 필자는 이들 카드가 결과를 해석하는 데 관련이 있다고 생각한다. 그래서 조금 흩어뜨리는 작업을 할 것이다. 스프레드를 무시하고 이 세 카드만 나란히 놓고 리딩한다(이 테크닉은 5장에서 자세히 설명한다).

'은둔자' 역방향, '2 완드' 역방향, '운명의 수레바퀴' 역방향.

가장 먼저 눈에 띄는 것이 모두 역방향이고, 메이저 카드가 두 장이나 된다는 것이다. 엄청난 에너지들이 있는데 모두 막혀 있다. 질문자가 느끼는 불안감은 당연할 수밖에 없다! 그 불안감이 에너지를 더막고 있어 아예 봉쇄시킬 가능성이 크다.

세 카드를 차례로 리딩해보자. 그녀는 내면의 나침반을 잃어버려 혼란스럽고('은둔자' 역), 외적인 비전이나 목표를 상실해 혼돈에 빠져 있으며('2 완드' 역), 미래에 대한 불확실성이 뿌리 깊게 자리한다('운명의 수레바퀴' 역). 이를 통해 그녀의 무기력이 쉽게 이해된다.

타로 리더는 질문자에게 어떤 도움을 줄 수 있을까? 이 스프레드에 중요한 역방향 카드가 몇 개 있다. 4장에서 역방향 카드를 정방향으로 이용하는 두 가지 방법을 소개한다. 또 상황의 토대인 카드 3에 초점을 맞춰 그녀의 관계 문제를 더 알아볼 수 있다. 이 켈틱 크로스는 그녀가 어떻게 생각하는지 그 전반적인 원인을 잘 보여준다. 하지만 이제 다른 스프레드로 더 깊이 살펴보는 것이 좋은 시점이기도 하다.

지금까지 디자인 개념을 적용해 실제로 해석하는 방법을 알아보았다. 이것을 기억하면서 다음에 나오는 스프레드 설명을 읽는다. 사용할 마음이 없는 스프레드도 모두 읽어보기 바란다. 언제든 활용 가능한 아이디어를 얻을 수 있다.

　2장 스프레드 디자인의 원칙과 레이아웃

스프레드 모음

일반적으로 스프레드 책에서 중요한 것은 스프레드 모음이다. 고전 스프레드와 일반 스프레드를 소개하려고 한다. 사랑과 돈에 대해 구체적으로 묻는 스프레드도 있다. 물어볼 것은 없지만 타로를 다루고 싶은가? 그렇다면 특별 스프레드 챕터를 보라(132쪽). 예/아니오 대답이 확실했으면 하는가? 그것도 다룰 것이다.

스프레드 이해에 중점을 둔 이 책의 의도대로 스프레드 디자인 정보와 그 디자인을 사용해 리딩을 향상시키는 방법을 소개한다. 또 일부 스프레드를 흥미롭게 변형한 것도 있다.

고전 스프레드

수십 년간 사용된 고전 스프레드를 모았다. 유용성은 물론 시간의 흔적과 신비가 남아 있다.

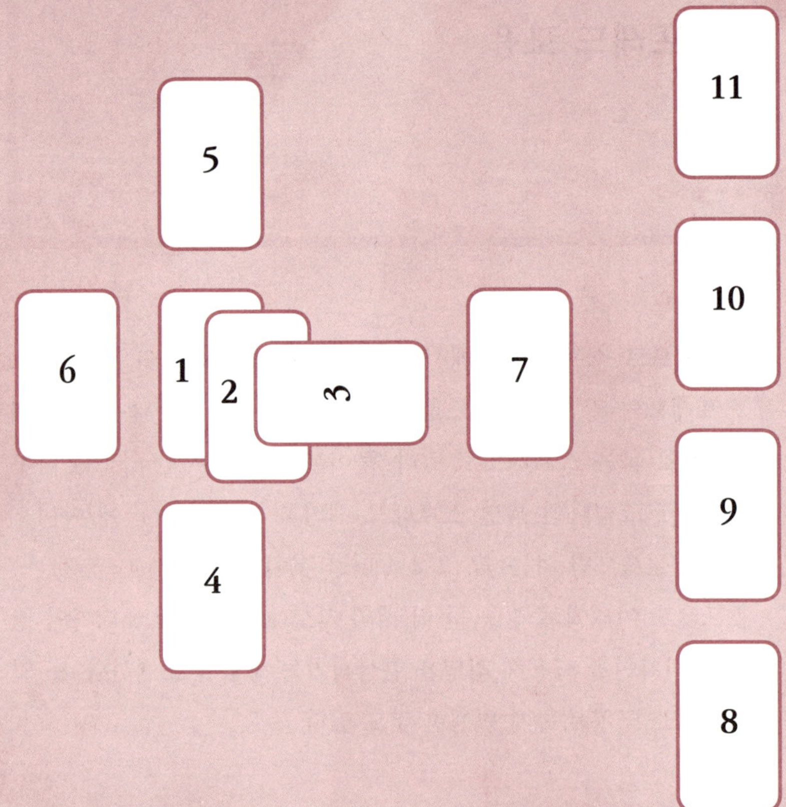

시그니피케이터가 있는 켈틱 크로스 스프레드

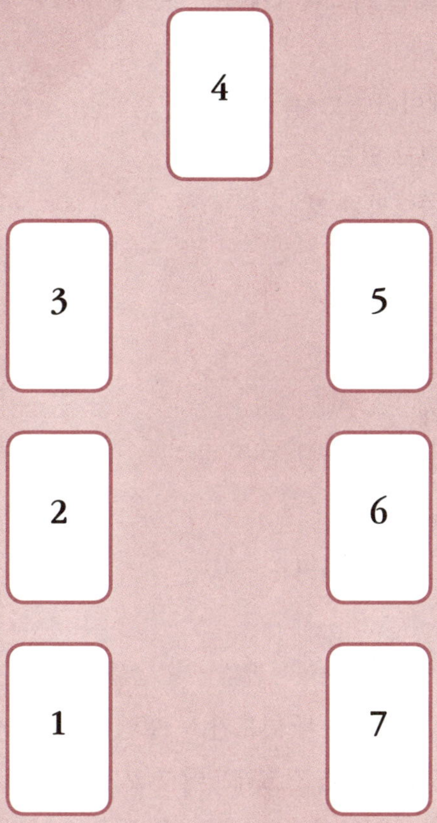

말편자 스프레드

시그니피케이터가 있는 켈틱 크로스 스프레드

가장 잘 알려진 고전 스프레드 중 하나다. 앞 장에서 예시 리딩에 사용했나. 이번에는 시그니피케이터 카드를 추가한다.

1 시그니피케이터(질문자를 나타냄)

2 질문자를 덮고 있는 것

3 질문자를 가로막는 것

4 상황의 토대

5 질문자의 최고 염원

6 최근 과거

7 가까운 미래

8 질문자의 자아상

9 질문자의 환경

10 질문자의 희망과 두려움

11 결과

이 스프레드는 중앙에 짝 카드가 두 벌이나 있다. 카드 2가 1을 덮어 특별한 짝을 구성한다. 스프레드에서 보기 드문 테크닉이다. 카드 1은 질문자의 핵심을 보여주고, 카드 2는 질문과 관련된 질문자의 외적인 모습을 보여준다. 카드 3은 1과 2를 동시에 교차해 또 다른 특별한 짝을 구성한다.

처음 일곱 장의 카드가 십자형을 이룬다. 카드 4는 중앙 카드들(카드 1, 2, 3)과 카드 5와 선형을 구성한다. 카드 6, 중앙 카드들, 카드 7이

  3장 스프레드 모음

또 다른 선형을 이루고 있다. 카드 8에서 11 또한 선형으로 배치되어 있다. 그러나 십자형과 떨어져 있어 중앙 에너지와 구별되어 보인다.

말편자 스프레드

초심자와 숙달된 리더 모두에게 인기 많은 스프레드다. 스냅 사진처럼 상황을 명확하게 보여주기 때문이다.

1 과거

2 현재

3 미래

4 질문자

5 다른 정보

6 도전

7 가능한 결과

맨 위에 있는 단독 카드는 리딩에서 중요하고 다른 카드와 구분되어 있음을 보여준다. 레이아웃은 두 개의 세로 선형을 검토하는 등 여러 가지로 검토할 수 있다. 삼각형을 이루는 카드 3, 4, 5를 검토해 흥미로운 관점에서 살펴볼 수도 있다. 가까이에 있는 것이 미래에 미치는 영향력과 동일하게 간주된다면, 카드 5가 보여주는 다른 정보를 활용해 질문자는 더 큰 영향력을 발휘할 수 있다.

별자리 스프레드

별자리 스프레드

이 스프레드는 별자리에서 다루는 차트chart(하늘의 별들이 어디에 자리 잡고 있는지를 2차원 평면에 옮긴 도표. 옮긴이)의 하우스House 개념을 영감, 모양, 의미 등에 적용한다. 생일이나 중요한 사건에 사용할 수 있는 재미난 스프레드다. 원형을 돌면서 각 카드를 해석하는 간단한 리딩 방식이다. 각 포지션은 12하우스를 나타내는데, 하우스는 인생의 각 영역을 관장한다. 슈트나 숫자가 같은 카드가 있는 하우스를 비교하면 리딩에 깊이를 더할 수 있다.

1 첫 번째 하우스: 자아상, 개성, 야망, 추진력, 몸

2 두 번째 하우스: 가치관, 물질적 소유, 재정적 태도

3 세 번째 하우스: 의사소통, 생각하고 배우는 방식, 형제와 이웃

4 네 번째 하우스: 부모, 자신의 뿌리, 가정생활 및 가족

5 다섯 번째 하우스: 창의성, 애정 문제, 재미, 취미, 사회생활, 자녀

6 여섯 번째 하우스: 직업, 책임, 일하는 습관 및 관계, 건강

7 일곱 번째 하우스: 사업 및 연애 관계, 타인과 상호 작용하는 방식

8 여덟 번째 하우스: 공동 관리하는 돈과 자산, 세금, 상속, 채무

9 아홉 번째 하우스: 영성, 종교, 도덕성, 고등 교육, 장거리 여행

10 열 번째 하우스: 자신의 대외 이미지와 경력, 권위자와의 관계

11 열한 번째 하우스: 우정, 집단의 일원, 희망, 목표, 소원

12 열두 번째 하우스: 내적 자아, 꿈, 비밀, 과거, 잠재의식, 카르마

변형: 일부 리더들은 중앙에 카드 한 장을 추가해 새해의 일반 주

별 스프레드

제들을 살펴본다. 이때는 원형이 아닌 십자형이 된다. 원형 스프레드를 먼저 리딩하고 나서, 중앙에 카드를 추가해 다시 리딩한다. 중앙 카드와 바깥 카드들을 서로 관련지어 리딩한다. 리딩이 어떻게 달라지는가? 어느 쪽이 더 좋은가?

별 스프레드

별 스프레드는 오래된 입문서들에서 흔히 볼 수 있다. 많은 리더들이 이것을 배우고 나서 다른 스프레드로 옮겨간다. 켈틱 크로스에 비해 인지도와 역사가 없고, 별자리 또는 생명나무 스프레드 같은 영적 감흥도 없어 쉽게 잊혀지곤 한다. 장단점이 엇비슷해 그럴 수도 있다. 포지션 의미는 유용하고 포괄적이고 예측과 대처 차원에서 잘 어우러진다. 하지만 스프레드 명칭과 레이아웃이 각인되지 않아 주제나 목적을 강화시키지 못한다. 또한 레이아웃이 포지션의 명확성, 상징성, 실용성에 도움이 되지 않는다. 이런 단점에도 오랜 세월 전해진 데는 그 유용성이 충분하기 때문이고, 여전히 많은 선생들이 가르치고 있다. 이를 변형한 스프레드(안내하는 별 스프레드)가 77쪽에 있다.

1 문제: 현 상황의 개요

2 긍정적 영향: 상황을 좋게 하기 위해 사용할 유용한 영향력

3 부정적 영향: 최소화해야 할 노력이나 덜 의식해야 할 에너지

4 과거 영향: 사라져가는 영향력. 더 이상 중요하지 않으므로 내려놓아야 한다.

5 현재: 최근 일어나는 상황으로 변화의 필요성 여부를 보여준다.

7

6

5

4

3

2

1

차크라 스프레드

6 미래: 카드 2~5의 영향력이 정점에 달했을 때다.

7 최종 결과: 상황이 결국 어떻게 해결될지 보여준다.

차크라 스프레드

아직 고전에 해당한다고 할 수 없지만 점차 그렇게 자리잡아 가고 있다. 대부분의 타로 리더는 에너지 흐름(리딩, 몸, 인생 등)에 관심이 많다. 그에 대한 공부도 많이 하고 있어 차크라chakra 언급은 흔한 일이다. 리딩이 더 유익해지고 카드가 보여주는 상황 내 에너지 흐름에 주목하게 하므로 초보 리더들에게 좋다.

차크라는 에너지 영역을 말한다. 우리 몸에 많은 차크라가 있지만 일반적으로 차크라를 언급할 때는 주요 7개를 가리킨다. 각 차크라는 색깔, 육체, 정신, 영혼 등 우리 삶의 여러 영역을 관장한다. 별자리나 타로 카드 각각에 여러 의미가 있듯이 차크라도 그렇다. 이 스프레드는 하나의 측면에 초점을 맞춘다. 차크라에 익숙하고 다른 측면을 다루고 싶으면 그것을 대신할 차크라를 이용한다.

에너지가 위아래 차크라로 자유롭게 흘러야 이상적이다. 따라서 동일한 간격으로 선형 구성을 한 것은 좋은 디자인이다. 해석할 때 에너지 흐름이 막힌 곳을 살펴본다.

1 자기 보존(뿌리 차크라): 생존 본능으로 건강, 번영, 안전 등을 추구하는 방식

2 자기 만족(천골 차크라): 느낌, 욕구, 감각, 동작 등으로 다른 사람들과 연결되는 방식

생명나무 스프레드

3 자기 인식(태양 신경총 차크라): 개인의 힘, 의지, 자율성, 에너지, 자발
성 등을 표현하는 방식

4 자기 수용(심장 차크라): 깊은 사랑, 연민, 평화, 중심 등을 경험하
는 능력

5 자기 표현(목 차크라): 다른 사람과 소통하고 자신을 세상에 창의적
으로 표현하는 방식

6 자기 반성(이마 또는 제3의 눈 차크라): 물질적으로 그리고 직관적으로
세상을 보는 방식, 즉 큰 그림을 보는 능력

7 자기 이해(왕관 차크라): 자신을 알고 이해하는 능력, 자신의 지혜,
영적 연결

생명나무 스프레드

카발라Qabalah의 생명나무Tree of Life 모양으로 카드를 배치한다. 카
발라는 유대교 카발라Jewish Kabbalah(유대교 신비주의), 별자리, 연금술,
다른 신비주의 학문에 기초한 서양의 비의적이고 신비주의적인 전통
이다. 대부분 타로 리더는 카발라에 익숙하며 생명나무에 상응하는
카드 의미를 만들어 사용한다.

1 케테르Kether: 왕관, 영적 관심사, 지고한 이상

2 호크마Chokmah: 지혜, 책임, 창의력, 양陽, 남성적 에너지

3 비나Binah: 이해, 어려움, 내적 지식, 음陰, 여성적 에너지

4 헤세드Chesed: 관용, 은혜, 기회, 선물, 영향력

5 게브라Geburah: 엄정성, 힘, 기세, 도전, 갈등, 리더십

6 티페레트Tiphareth: 아름다움, 업적, 개성, 자아, 의도, 목표

7 네자흐Netzach: 승리, 사랑, 영감, 직감

8 호드Hod: 영광, 생각, 의사소통, 과학

9 예소드Yesod: 토대, 상상, 판타지, 습관, 전생

10 말쿠트Malkuth: 왕국, 결과, 집, 물질세계, 일상생활

일반 스프레드

많은 리더들이 특별 스프레드 모음보다 괜찮은 일반 스프레드 모음을 더 유용하게 여긴다. 물론 양쪽 모두 가지고 있을 것이다. 필자도 일반 스프레드가 거의 모든 상황이나 질문에 용이하게 사용할 수 있어서 선호한다. 리딩을 길게 하기 위한 좋은 출발점이 되기도 있다. 일반 스프레드로 정보와 통찰을 얻고 나서, 질문을 정제하거나 상황을 세부적으로 다듬어 특별 스프레드로 넘어갈 수 있다.

일반적인 3-카드 스프레드와 그 변형

고전적인 3-카드 스프레드는 과거-현재-미래다. 오랜 세월 사용되어왔고 변형도 많다. 한때 필자는 3-카드 레이아웃에 심취해 다양한 변형을 수집하고 창작했다. 옆의 레이아웃은 포지션 의미를 바꾸고 패턴을 다양하게 시도해 얻은 결과물들이다. 직접 포지션 의미와 레이아웃을 달리하면서 어떻게 작동하는지 확인한다. 이런 방식으로 자기 스타일에 맞는 변형을 찾을 수 있다.

3장 스프레드 모음

1 과거
2 현재
3 미래

1 상황
2 상황을 개선하는 조언
3 예상 결과

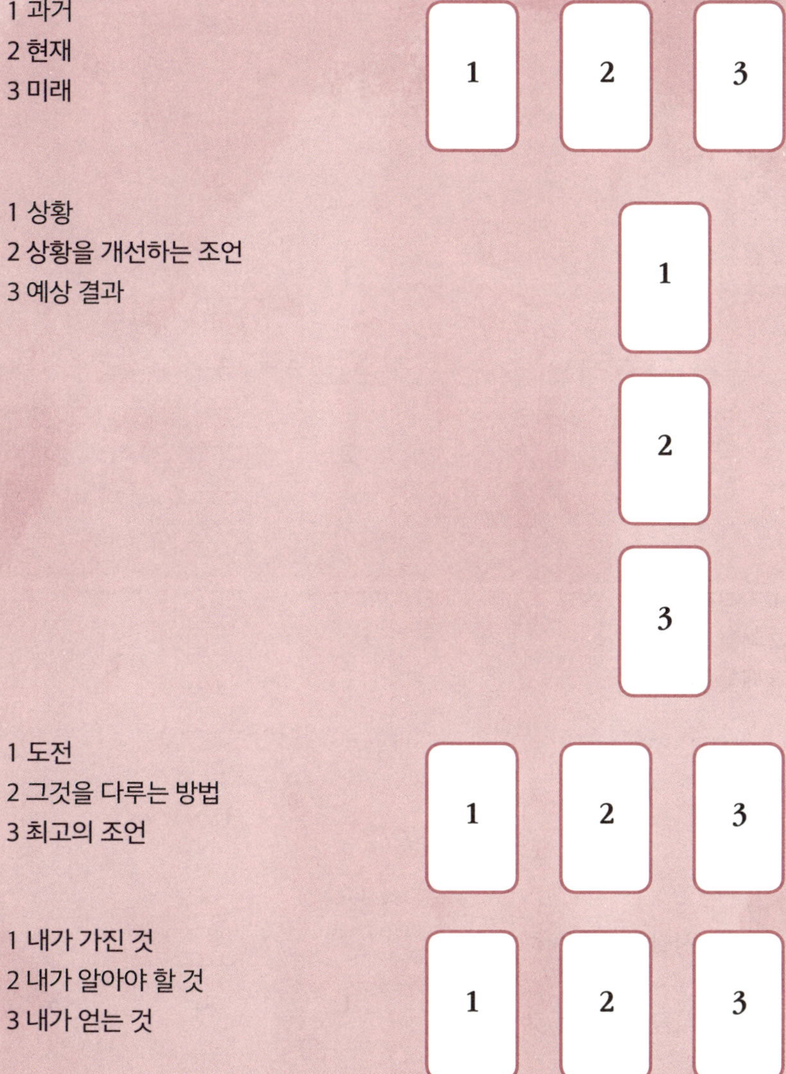

1 도전
2 그것을 다루는 방법
3 최고의 조언

1 내가 가진 것
2 내가 알아야 할 것
3 내가 얻는 것

3-카드 스프레드

1 상황
2 장애물
3 결과

1 상황
2 감춰진 것
3 조언

1 간직할 것
2 버릴 것
3 배울 것

1 A라는 사람이 원하는 것
2 절충
3 B라는 사람이 원하는 것

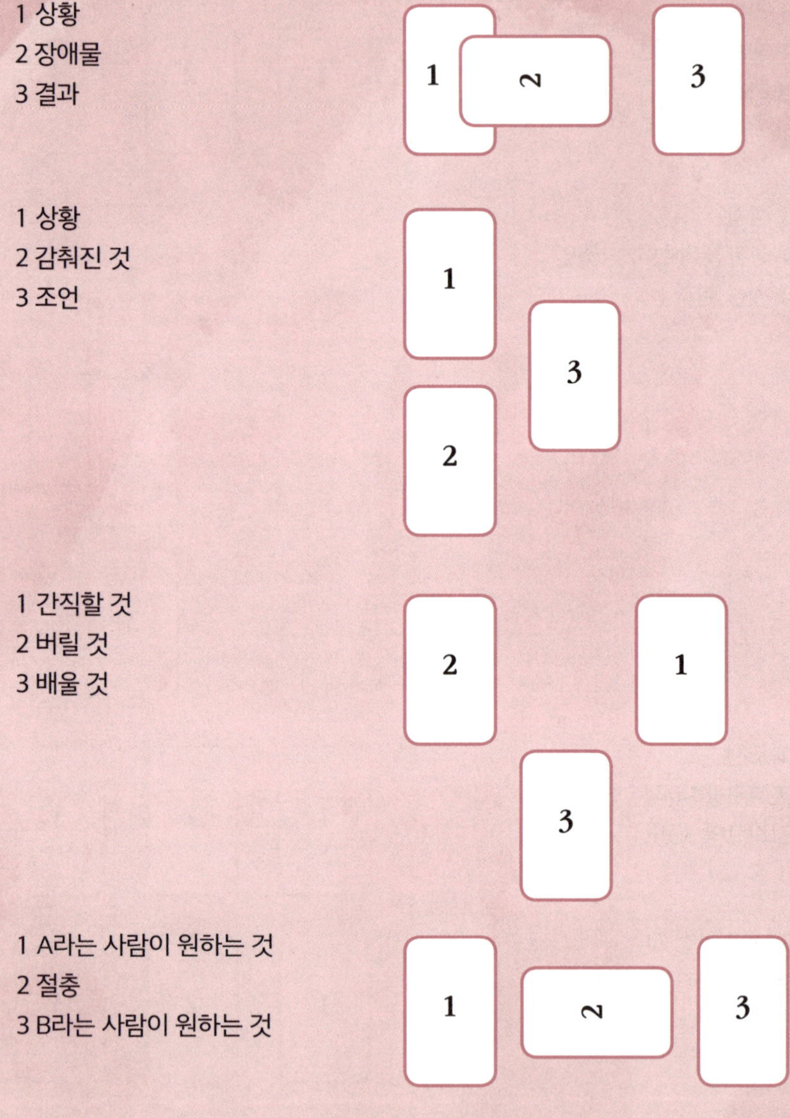

3-카드 스프레드

1 상황

1 선택 A
2 선택 B
3 결정적 요인

1 상황
2 중요한 것
3 중요하지 않은 것

1 이것을 하라
2 이것을 하지 마라
3 결과

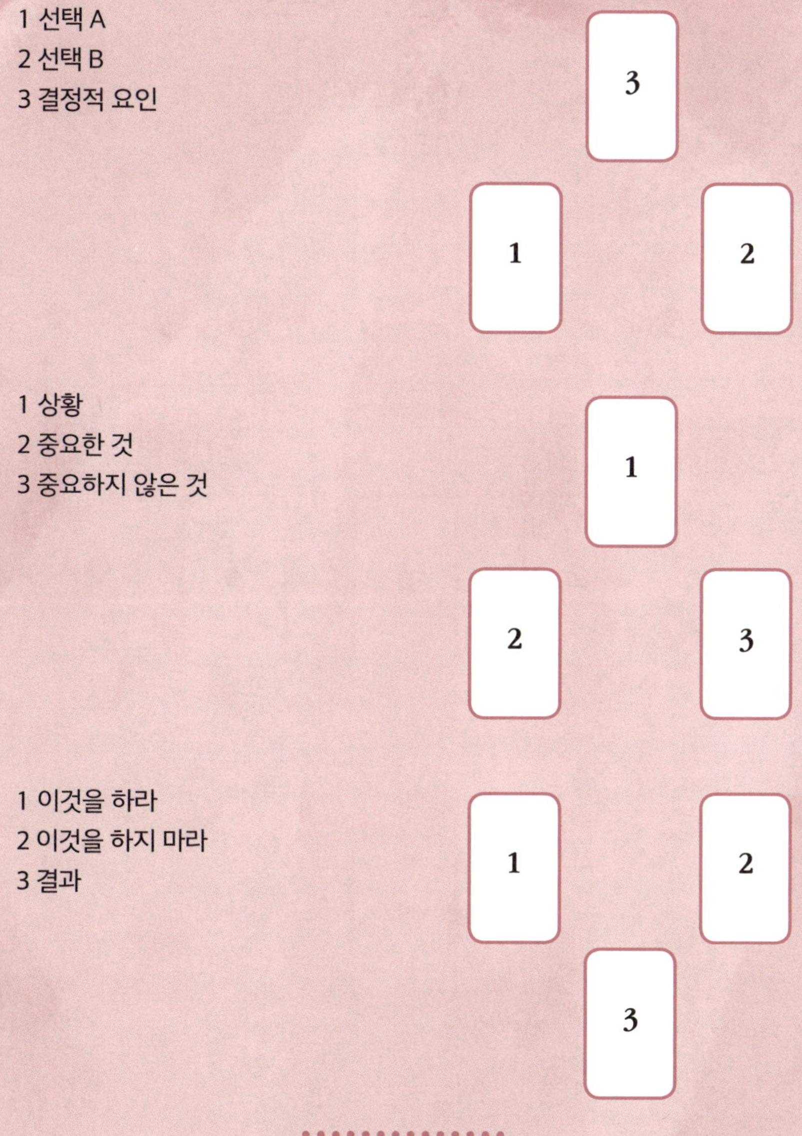

3-카드 스프레드

1 선택 A
2 선택 B
3 결정적 요인

1

2   3   4

5

바버라의 일반 스프레드

바버라의 일반 스프레드

필자가 가장 좋아하는 스프레드로 자주 수정해서 사용한다. 십자형 레이아웃 같지만 카드 1, 5의 간격이 더 벌어져 있다. 따라서 십자형으로 리딩하지 않는다. 맨 위에 있는 카드 1에서 시작하고, 이 카드가 상황의 전체 분위기를 설정한다. 카드 2부터 4는 카드 1이 전개되는 상황을 보여준다. 그런 후 에너지는 카드 5로 흐르고 모여서 정점에 이른다.

1 상황에 대한 일반 개요

2~4 경험이나 일어날 일

5 결과

변형 A: 한번에 삶의 여러 영역을 탐색하고 싶을 때 이 스프레드로 간단히 알 수 있다. 사랑, 직업, 여행 영역이 궁금하다면 5장의 카드를 세 벌 배치한다. 각 그룹이 사랑, 직업, 여행 영역이 된다.

변형 B: 포지션 의미를 사용하는 것이 편한 사람들을 위해 만든 변형이다. 위의 스프레드 이전에 만들어 사용했다.

1 상황

2 도전

3 해결 방안

4 숨겨진 것

5 결과

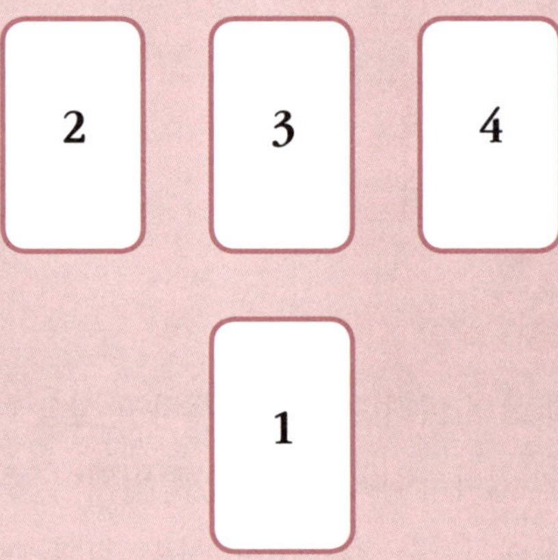

기본적인 일반 스프레드

변형 C: 다른 멋진 방법은 둘 이상의 사항에서 선택해야 하는 누군가를 리딩해줄 때다. 질문자에게 선택 사항 개수만큼 1, 2, 3…으로 라벨을 붙이게 하고 그 정보는 질문자만 알고 있는다. 리더는 어떤 선택들이 있고 질문자의 우선순위가 무엇인지도 모른다. 리더는 선택 수만큼 스프레드 그룹을 배치하고 해석한다. 이 리딩을 토대로 질문자가 최종 선택한다. 끝으로 질문자에게 어떤 선택들이 있었고 무엇을 골랐는지 물어본다. 이 마무리 작업은 항상 흥미롭고, 더 중요한 것은 효과적이다. 또 리더는 온전히 객관적일 수 있고, 질문자는 리딩에 참여하는 추가 이점이 있다. 이 방법을 자신에게 적용하는 것은 더 쉽다. 선택 사항들을 종이에 적어 보이지 않게 잘 접어 섞는다. 탁자 위에 그 종이들을 놓고 그 옆에 카드들을 배치한다. 해석이 끝나고 최종 선택할 때까지 종이를 펼쳐보지 않는다.

기본적인 일반 스프레드

타로 리더, 교사, 작가, 라디오 쇼 「타로 부족: 세상 너머Tarot Tribe: Beyond Worlds」 진행자인 도널리 드 라 로즈Donnaleigh de la Rose는 스프레드 포지션들을 조사했다. 그녀는 수많은 스프레드를 비교한 결과, 명칭은 달라도 대부분 네 개 포지션이 포함된다는 것을 알았다.

과거: 과거의 영향력, 토대, 내 삶에서 사라진 것 등으로도 불린다.
현재: 문제, 질문, 도전, 상황 등으로도 불린다.
미래: 결과, 다가올 일, 예측, 발생 가능성 높은 일 등으로도 불린다.

기본적인 일반 스프레드 — 변형

조언: 안내, 행동 단계, 필요한 것 등으로도 불린다.

이런 그녀의 연구에 영감을 받아 만든 스프레드다. 가장 일반적이고 기본적인 포지션이 기반이 되어 좀 감탄하게 된다. 뛰어난 일반 스프레드처럼 활용도가 높다. 도널리가 사용하는 스프레드를 본 적은 없지만, 필자가 만든 이것을 사용하면서 대신 첫 번째 카드가 중요하다는 그녀의 신념을 반영했다. 필자는 조언이 가장 중요하다고 생각했다. 그래서 카드 1로 했고, "현재" 카드 바로 아래에 배치한 것은 조언은 지금 할 수 있고 해야 하는 것으로 생각하기 때문이다.

1 조언
2 과거
3 현재/도전
4 미래

변형: 카드를 짝으로 해석하는 것을 좋아하는 사람들이 있다. 원소(불, 물, 공기, 흙 등 에너지를 구성하는 4원소. 옮긴이)의 위엄을 활용하는 사람들은 세 장의 카드를 같이 해석한다(부록 B에서 원소의 위엄을 간단히 소개한다). 더 많은 카드를 사용하고 싶어 하는 리더들도 있다. 포지션마다 카드를 추가하면 된다(왼쪽 그림 예시 참조).

안내하는 별 스프레드
고전적인 별 스프레드를 필자가 변형한 것이다. 포지션은 같지만

7

1

2

4

3

5

6

그룹화를 달리했다. 논리적으로 그룹을 형성해 함께 작용하는 에너지가 각 카드에 어떤 영향을 주는지 쉽게 알 수 있게 했다. 따라서 더 종합적이고 구체적으로 최종 해석에 이를 수 있다.

1 문제: 현 상황의 개요
2 과거 영향: 사라져가는 영향력. 더 이상 중요하지 않으므로 내려놓아야 한다.
3 부정적 영향: 최소화해야 할 노력이나 덜 의식해야 할 에너지
4 현재: 현 상황에서 지금 일어나고 있는 일
5 긍정적 영향: 상황을 좋게 하기 위해 사용할 유용한 영향력
6 미래: 카드 2~5의 영향력이 정점에 달했을 때다.
7 최종 결과: 이 상황을 해결하고 나서 얻게 될 것을 암시한다(즉 이번 경험이 주는 삶의 교훈이나 기회).

조언자 그룹 스프레드

타로 덱은 마치 우주의 모든 지혜를 손에 쥐고 있는 것과 같다. 이 스프레드는 다섯 개의 메이저 아르카나 원형을 통해 우리가 꼭 알아야 조언을 전달한다.

덱 전부를 셔플한 뒤 카드 1을 배치한다.

메이저 아르카나 카드만 분류해 셔플한 뒤 카드 2~6을 배치한다. 남은 메이저 아르카나 카드는 한쪽에 둔다.

마이너 아르카나 카드만 분류해 셔플한 뒤 카드 7~11을 배치한다.

조언자 그룹 스프레드

1 **상황**: 질문자가 직면한 도전, 상황, 기회, 장애물 등

2~6 **조언자들**: 각 원형의 조언자들을 보여준다. 해석할 때 그들이 가져올 에너지, 견해, 초점 등에 주목한다.

7~11 **조언들**: 조언자들의 구체적인 충고를 보여준다. 그들의 관점에서 조언들을 해석해야 한다.

이 스프레드는 십자형에 해당한다. 카드를 짝으로도 관련짓지만 중앙 카드와도 관련짓는다. 모든 조언을 고려할 때 자신의 반응을 기록한다. 자신의 생각과 공명하는 것은 어떤 조언인가? 평소 자신의 생각과 상반되는 조언이 있는가?

변형: 여러 가지로 쉽게 변형할 수 있다. 조언자 개수를 늘리거나 줄일 수 있다. 조언의 개수를 더 늘릴 수도 있는데, 조언자들의 조언을 두 장 이상 뽑으면 된다.

4원소의 조언 스프레드

타로의 슈트 카드는 공기, 흙, 물, 불 등 4원소와 관련된다. 이들 원소는 차례대로 생각, 행동, 감정, 믿음 등 인간 경험의 측면과 관련된다. 이들 영역에서 문제 해결을 돕고자 조언한다.

카드 배치는 4원소에 대한 필자의 관점이 반영되어 있다. 공기는 정신 및 생각(머리)과 관련되므로 위쪽에 배치한다. 흙은 안정과 토대와 관련되므로 아래쪽을 견고하게 받친다. 불은 활동적인 에너지로 오른쪽에(자신이 주로 사용하는 손), 물은 수동적 원소라 왼쪽에 배치

4원소의 조언 스프레드

한다. 원소에 대한 자신의 견해 또는 원소들 관계에 따라 변경할 수
있다.

1 문제
2 공기: 생각, 문제 해결, 의사소통 등과 관련된다. 문제 해결을 위
   한 가장 합리적인 접근 방식을 조언한다.
3 불: 신념, 열정, 의지 등과 관련된다. 문제 해결을 위해 에너지를
   어떻게 쓸지 조언한다.
4 물: 감정과 관련된다. 자신의 감정이 상황에 어떤 영향을 미치는
   지 조언한다. 감정에 짓눌리거나 휘둘리는가 아니면 상황에 맞
   게 건강하게 관여하는가?
5 흙: 물질세계, 실제로 보이는 것 등과 관련된다. 지금 상황에서 어
   떻게 행동할지 조언한다.

십자형으로 구성되어 있으므로 원소들의 조언을 중앙 카드와 짝
을 지어 해석해야 한다.

궁정의 조언 스프레드

리딩할 때 코트 카드 해석이 가장 어렵다고들 한다. 코트 카드가
등장하면 인물로 해석할지, 자신의 일부로 해석할지, 사건으로 해석
할지 확신이 안 서기 때문이다. 그러나 "사람"으로만 따로 떼어내 해
석하면 쉽고 매우 유용하다.

코트 카드의 네 유형은 삶을 대하는 접근 방식이 각기 다르다. 그저

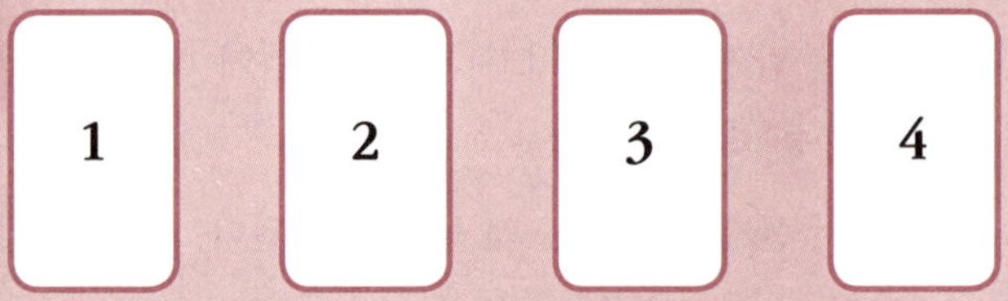

1   2   3   4

궁정의 조언 스프레드

질문하고 그 상황에서 그들이 어떻게 하는지 확인한다.

덱에서 코트 카드만 분류해 킹, 퀸, 나이트, 페이지 등 네 무더기로 구분한다. 각 무더기에서 카드 한 장씩 뽑아 그림과 같이 배치한다.

1 페이지Page: 배워야 할 새로운 것
2 나이트Knight: 빨리 해야 할 것
3 퀸Queen: 양육하거나 돌봐야 할 것
4 킹King: 숙달되거나 통제해야 할 것

어떤 리더는 코트 카드를 이해하는 데 어려움을 겪는다. 만약 여러분이 그렇다면 이 스프레드가 매력적인 코트 카드와 친해질 수 있는 좋은 방법이 될 것이다. 이미지를 탐색하면서 인물에 집중한다. 그들이 무슨 말을 어떤 식으로 할지 상상해본다. 그들의 행동을 시각화함으로써 마치 살아 있는 존재처럼 느껴질 것이다. 그렇게 우리의 생각과 리딩이 더 구체적일 수 있게 도울 것이다.

큰 그림 스프레드

나무만 보고 숲을 보지 못하는 시기에 이 스프레드는 한 걸음 뒤로 물러나 자신의 관점을 점검하도록 돕는다.

1 사건이나 상황: 그 시기에 마주할 사건이나 상황
2 자신의 인식: 그것이 일상에서 어떤 역할을 하는지에 대한 자신의 인식

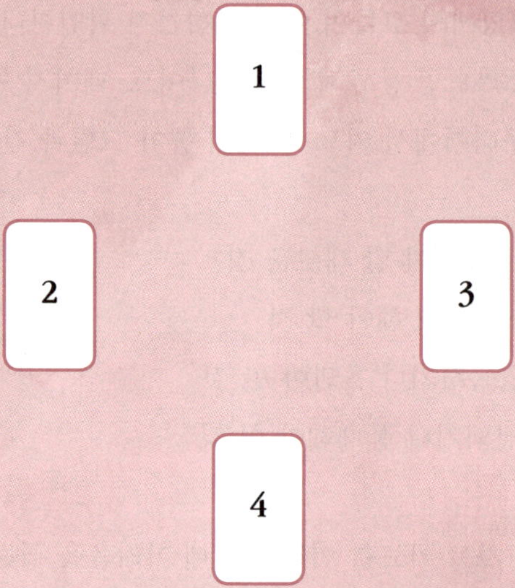

큰 그림 스프레드

직면한 도전 스프레드

3 보다 넓은 인식: 그것이 큰 그림에 따라 어떻게 선생 역할을 할 것
  인지 보여준다.
4 교훈: 이 경험으로 배울 수 있는 교훈

원형 구성 같지만 삼각형 구성에 단독 카드가 추가되었다고 보는
것이 더 적절하다. 카드 2와 3을 짝으로 보면 인식 차이를 쉽게 알 수
있다. 그 인식 차이가 카드 1에서 4로의 전환에 어떻게 도움을 주거
나 방해하는지 살펴보는 것도 흥미롭다.

직면한 도전 스프레드

하루 일정을 확인하고 어려운 미팅, 촉박한 마감, 까다로운 의제
등이 있음을 인식한다. 자신이 기댈 수 있는 덱을 사용해 성공적으
로 준비해보자.

1 도전: 도전의 본질, 즉 이 도전에 대해 알아야 할 것
2 자신의 강점: 이 도전에 이용할 자신의 가장 큰 강점
3 자신의 약점: 이 도전과 관련해 주의해야 할 자신의 큰 약점
4 조언: 약점을 강점으로 상쇄시켜 도전을 성공시킬 조언

레이아웃에서 강점과 약점을 보여주는 대극 관계인 카드 2와 3을
짝으로 리딩한다. 카드 1과 4보다 2와 3이 더 직접적으로 관련된다.
카드 1이 2와 3을 이분법적으로 부추기고 있다는 것에 주목한다. 반
면 카드 4는 그 이분법을 긍정적인 방향으로 유도한다.

가슴 vs 머리 스프레드

가슴 vs 머리 스프레드

머리와 가슴이 서로 다른 이야기를 한다면 여러분은 어떻게 하는가? 이 스프레드로 머리와 가슴의 각 동기를 탐색해보자. 양쪽을 모두 이해하게 하고 타협점을 찾을 수 있게 돕는다. 결국 양쪽의 관심사나 의제가 크게 다르지 않음을 알게 될 것이다.

1~3 가슴: 가슴, 직관, 육감 등 비합리적인 방식으로 아는 근거

4~6 머리: 머리, 이성, 논리 등 수치화할 수 있는 방식으로 아는 근거

7~9 가교: 머리와 가슴의 간극을 메우거나 어느 쪽에 기댈지에 대한 단서

많은 격자형 스프레드가 그렇듯이 카드와 영역들 관계를 쉽게 파악할 수 있다. 세로 선형은 머리와 가슴에 관한 주제를 볼 수 있다. 그것을 검토 후에 문제 해결과 타협에 필요한 조언을 분석할 수 있다.

행동 계획 스프레드

자기 삶의 한 영역을 개선하려는 행동이나 계획을 준비 중일 때 타로가 도와줄 수 있다. 이 스프레드는 카드 1을 의식적으로 선택하는 테크닉을 쓴다.

덱을 살펴보면서 개선하고픈 삶의 영역을 보여주는 카드를 고른다. 자신이 바라는 상황이 아니라 그것이 오늘 어떻게 보이는지에 대한 카드여야 한다. 그러고 나서 남은 카드를 평소대로 서플하고 나머

| 1 | 2 | 3 | 4 | 5 |

행동 계획 스프레드

지 포지션에 카드를 배치한다.

의식적으로 카드를 선택한다는 그 의도에 상징성이 있다. 그 카드는 자신이 현 상황을 어떻게 이해하고 인식하는지를 보여준다. 내가 선택한 카드가 내가 리딩하는 현실의 뿌리다. 나머지 카드를 셔플하고 무작위로 뽑을 때 비로소 나의 통제를 벗어난 운명이나 사건이라는 개념이 통합된다. 내가 아는 현재는 이미 나타나 있다. 의식적으로 카드를 선택한다는 것이 그런 진실을 의미한다.

1 지금: 출발점
2 강점: 자신이 가지고 있는 것으로, 앞으로 나아가기 위해 사용해야 할 것
3 도전: 앞으로 직면하게 될 것으로, 이를 통해 자신이 모색하는 변화를 만들어낸다.
4 도움: 사람, 테크닉, 공부 분야, 활동이나 행위 등 도움을 받을 수 있는 곳
5 결과: 목표나 결과

자신이 바라는 결과가 나오지 않으면 이 단계를 몇 번 더 거칠 수 있음을 기억하자. 이 스프레드는 목표를 향한 여정에서의 하나의 도전이나 단계를 다루는 것이다. 원하는 결과에 도달하려면 실제로 많은 도전을 극복해야 할 수도 있다.

이 리딩은 행동 계획을 세워야 끝난다. 행동을 하고 결과가 나오면 다시 궁극의 목표를 이루기 위해 이 스프레드를 반복 사용한다. 그렇

4　**5**

3

2

1

● ● ● ● ● ● ● ● ● ● ● ● ● ●
3개의 문 스프레드

게 또 다음 단계를 계획한다.

변형: 카드 1을 의식적으로 선택할 때 카드 5도 의식적으로 선택한다. 끌어당김의 법칙에 기반해 자신의 미래를 적극적으로 만들고 싶어하는 사람들에게 적절한 방식이다.

3개의 문 스프레드

어떤 생각을 말하기 전에 3개의 문을 거치라는 말이 있다. "사실인가, 필요한가, 친절한가?" 필자는 처음 이 격언을 접하고 며칠 간 말하는 게 망설여졌다. 모든 생각이 이 문을 거칠 수 없겠지만 어떻게 표현할지 한 번은 지혜롭게 가다듬을 필요가 있다. 누군가에게 말할까 말까 고민 중이면 이 스프레드가 주의 깊게 말할 수 있도록 도와줄 것이다. 3개의 문을 통과하듯 5장의 카드를 배치한다.

1 **첫 번째 문: 사실인가?** 하려는 말이 사실인가? 온전히 사실인가? 자신에게는 사실인데 다른 사람에게는 사실이 아닌가? 오해하고 있지는 않은가? 종종 스스로를 설득하려 한다. 이 카드가 그 믿음을 점검해볼 것을 요구한다.

2 **두 번째 문: 필요한가?** 정말 말해야 하는가? 그로 인해 얻는 것이 무엇인가? 필요성 여부를 단정 짓기는 어렵다. 그래서 질문해야 한다. "누구를 위한" 필요인지 자문해야 한다. 이 카드는 그 말을 왜 하려는지 넓은 관점에서 탐색해볼 것을 요구한다.

3 **세 번째 문: 친절한가?** 하려는 말이 친절한가? 친절은 간단한 문

1

4 5 2

3

제가 아니다. 오히려 잠깐의 불친절이 장기적으로 봤을 때 친절한 것일 수 있다. "그들에게 좋은 것"이라고 혼자 납득하는 것일 수 있다. 이 카드는 그 말이 친절에 기반하는지 보여준다.

4 이유: 그 말을 하는 목적이 무엇인가? 무엇을 얻고 싶은가? 어떤 결과를 원하는가? 동기가 무엇인지 잘 안다고 생각할 것이다. 이 카드는 스스로에게 솔직할 것을 요구한다.

5 결과: 앞서 네 장의 카드가 어떻게 나왔든 말을 하기로 결정했으면 그로 인한 영향이 있을 것이다. 이 카드는 자신의 행동이 가져올 결과를 보여준다. 주의 깊게 생각해보고 자신이 원하는 결과인지 확인한다.

변화의 바람 스프레드

일기 예보를 듣지 않아도 날씨 변화나 폭풍이 올지 모른다는 예감을 할 수 있다. 대기상의 징후로 짐작하는 것이다. 우리 삶도 마찬가지다. 변화가 오고 있다는 것을 느끼지만 정확히 뭔지는 모른다. 이 스프레드는 앞으로 다가올 일을 전망해 대비할 수 있게 돕는다.

필자는 이 레이아웃이 멋진 나침반 같아서 좋다. 원형이 아닌 십자형이므로 각 "나침반의 방위"는 중앙 카드와 관련지어 해석한다.

1 북: 변화가 육체나 자원과 관련되는 방식

2 동: 변화가 가져올 도전, 기회, 문제 등

3 남: 변화가 계획이나 프로젝트에 주는 영향이나 영감을 주는 방식

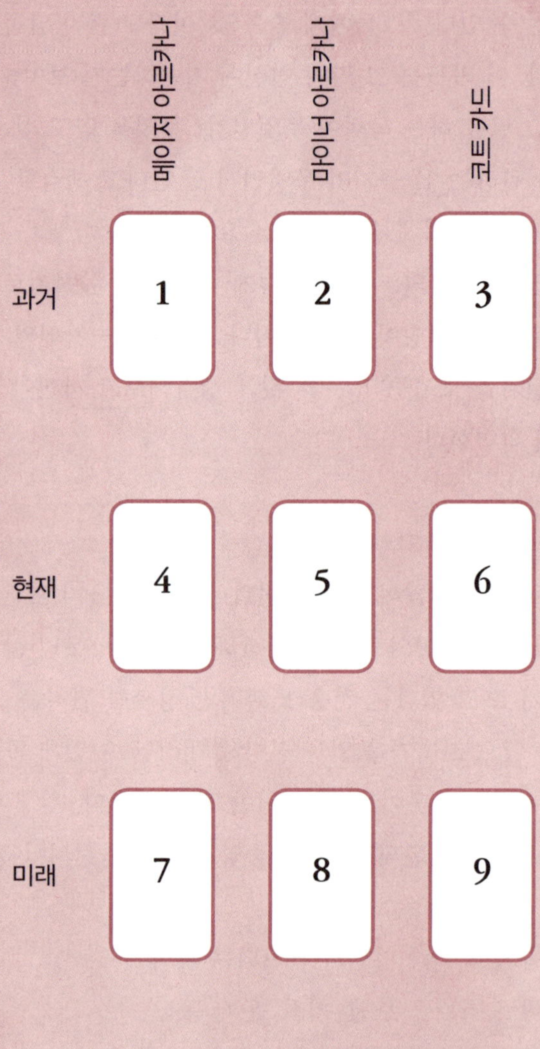

과거-현재-미래 스프레드 확장 버전

4 서: 이 변화로 예상되는 감정적 반응이나 경험

5 중앙: 변화의 본질에 대해 알고 있어야 할 것

변형: 포지션 의미가 타로의 슈트 카드와 유사하다는 것을 알 수 있다. 따라서 방향과 슈트 카드의 상관관계를 활용할 수 있다. 덱을 메이저 카드와 네 개 슈트로 분류한다. 펜타클 슈트 무더기를 셔플한 후 카드 한 장을 뽑아 포지션 1에 배치한다. 소드 카드를 셔플한 후 카드 한 장을 뽑아 포지션 2에 배치한다. 같은 방식으로 완드, 컵, 메이저 카드를 포지션 3, 4, 5에 배치한다.

과거-현재-미래 스프레드 확장 버전

이 변형은 과거-현재-미래 스프레드의 단순성을 유지하되 깊이를 더했다. 처음에는 격자형을 고려했지만 산만할 것 같았다. 선형 구성을 유지해 시간 흐름에 더 집중할 수 있게 했다. 세 장의 카드가 소그룹이 되어 관련 경향성들을 한눈에 파악할 수 있다.

덱을 메이저 아르카나, 마이너 아르카나, 코트 카드로 분류한다. 포지션 1, 4, 7에 메이저 아르카나를 2, 5, 8에 마이너 아르카나를 3, 6, 9에 코트 카드를 배치한다.

과거

1 주요 영향력

2 일어났던 일/경험했던 일

3 어떻게 대응했는가

과거-현재-선택적 미래 스프레드

현재

4 주요 영향력

5 일어날 일/경험할 일

6 어떻게 대응할 수 있을까

미래

7 주요 영향력

8 일어날 일/경험할 일

9 대응 방식에 관한 조언

과거-현재-선택적 미래 스프레드

필자는 2011년 1월 미네소타에서 열리는 타로 심포지엄에서 스프레드 디자인 워크숍을 진행했었다. 워크숍이 끝날 때쯤 서로 디자인한 스프레드를 공유했다. 그 지역 타로 리더이자 선생인 척 보에Chuck Boe는 매우 유용한 스프레드를 공유했다. 이 스프레드는 지금 이대로 살아갈 경우의 과거, 현재, 미래를 보여주는 것으로 시작한다. 여기에 두 가지 선택적 미래와 거기에 도달할 방법을 제시한다.

1 과거

2 현재

3 변화가 없을 시의 미래

4 카드 5~6의 조언을 실천할 경우 가능한 미래 1

5~6 카드 4의 미래를 만들기 위한 조언

삶의 수레바퀴 스프레드

7 카드 8~9의 조언을 실천할 경우 가능한 미래 2

8~9 카드 7의 미래를 만들기 위한 조언

삶의 수레바퀴 스프레드

두 가지 이미지를 한번에 보여주는 멋진 스프레드다. 첫째, 바퀴의 "바큇살"이 삶의 여러 영역에서 일어나는 변화를 보여준다. 둘째, 바퀴의 중심에서 바깥으로 이동하면서 과거, 현재, 미래를 볼 수 있다. 바큇살과 그 단계를 모두 고려해 카드를 해석해야 한다.

1, 6, 11 자기 자신: 자의식, 자기 정체성

    1 과거   6 현재   11 미래

2, 7, 12 사랑: 사랑, 연애, 감정 관계

    2 과거   7 현재   12 미래

3, 8, 13 집: 물리적인 생활 공간, 가족

    3 과거   8 현재   13 미래

4, 9, 14 일: 직업, 경력, 프로젝트, 돈, 재정

    4 과거   9 현재   14 미래

5, 10, 15 친구, 사회생활: 친구, 그룹, 취미, 재미로 하는 일

    5 과거   10 현재   15 미래

1~5 과거: 과거의 에너지, 경향, 영향력

6~10 현재: 현 주제, 경향, 에너지, 영향력

11~15 미래: 미래의 주제, 경향, 축복, 도전

변형: 개인적인 것들을 충분히 살펴볼 수 있는 스프레드다. 위에서 지정한 자기 자신, 사랑, 집, 일, 친구 등의 영역은 필요에 따라 얼마든지 바꿀 수 있다. 바큇살도 추가할 수 있다. 일보다 관계가 더 궁금하면 일 영역을 아예 없애고, 정신적 관계로 대체한 뒤 형제 등의 항목을 추가할 수 있다.

예/아니오 스프레드

고전적인 예/아니오 스프레드가 많아 몇 가지 소개한다. 지난 30년간 예/아니오 리딩 추세가 감소해 현대의 것은 많지 않다. 타로 리딩에는 동시대 신념들이 반영된다. 대부분의 타로 리더는 미래는 정해져 있는 것이 아니므로 예/아니오로 대답할 수 없다고 생각한다.

다른 한편에서는 예/아니오 대답이 힘이 되어줄 수 있어 실용적이고 유용하다고 생각한다. 원하는 것을 알면 어떻게 대응할지 계획할 수 있기 때문이다. 이런 생각이 점차 퍼지면서 이 유형의 리딩이 다시 등장하고 있다. 여러분이 그런 멋진 예/아니오 스프레드를 만들 수 있을 것이다. 그때까지 다음에 소개하는 것들을 사용해보자.

예/아니오 신탁

이 방법은 1955년 2월 「운명 매거진Fate Magazine」에 이리스 보럴 Irys Vorel이 쓴 기사 "집시들은 타로를 어떻게 사용했나"에 소개되었었다. 그 당시 리딩에는 약간의 비밀과 드라마가 있었다. 하나의 사건이자 경험이었다. 이 스프레드가 그랬다. 그래서 좋아한다. 현대 리더들이 사용하는 것에 비해 좀 더 길고 복잡하지만 한 번쯤 시도해 보기 바란다.

1 예 또는 아니오를 묻는 고민이나 질문을 종이에 적는다. "나는 릭 또는 제이슨과 결혼할 수 있을까?"라는 식으로 애매하게 질문하지 않는다. 그럴 때는 질문을 둘로 나눈다.

2 덱에서 '운명의 수레바퀴' 카드를 찾아 앞면이 보이게 놓는다.

3 질문에 집중하면서 남은 덱을 셔플한다. 카드 앞면을 아래로 향하게 하고 카드를 부채꼴로 펼친다. 왼손으로 카드 일곱 장을 무작위로 뽑아 '운명의 수레바퀴' 위에 놓는다. 나머지 덱은 옆에 둔다.

4 '운명의 수레바퀴'도 다른 카드와 마찬가지로 앞면을 아래로 향하게 놓는다. '운명의 수레바퀴'가 어디 있는지 모를 때까지 여덟 장의 카드를 셔플한다.

5 사각형을 이루는 네 개 포지션에 카드를 두 장씩, 총 여덟 장을 배치한다.

6 카드를 모두 뒤집어서 '운명의 수레바퀴'를 찾는다. 그 카드가 있는 포지션이 대답이 된다.

- '운명의 수레바퀴'가 첫 번째 포지션(카드 1, 5)에서 있으면 "예"를 뜻한다. 문제는 빠르고 긍정적으로 해결되고 있다.
- 두 번째 포지션(카드 2, 6)에 있으면 "곧"을 뜻한다. "자신의 관심사를 지나치게 압박하지 말라"는 의미다.

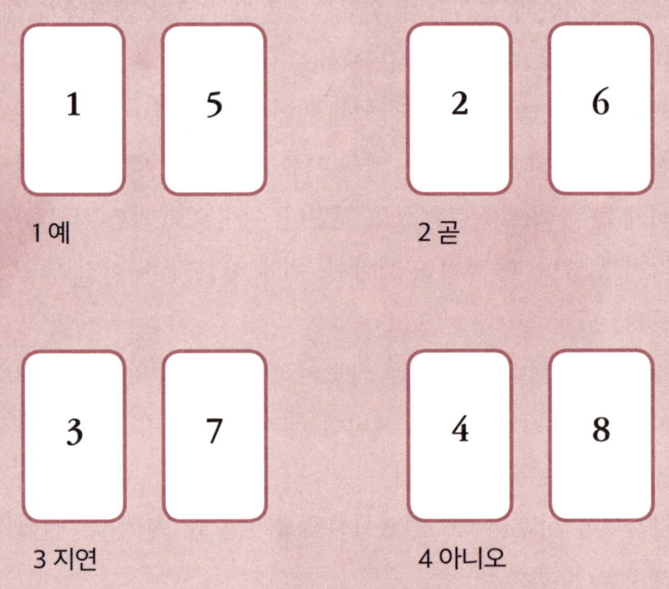

예/아니오 신탁

- 세 번째 포지션(카드 3, 7)에 있으면 "지연"을 뜻한다. 어떤 장애물을 극복해야 할 것이다.
- 네 번째 포지션(카드 4, 8)에 있으면 "아니오"를 뜻한다. 현 상황이 문제를 조화롭게 해결하는 데 방해를 하고 있어 조정이 필요하다는 의미다. 원하는 것을 바로 이룰 수 없다. 변화가 있은 뒤에나 긍정적인 대답을 기대할 수 있다.

7 대답이 "지연"이나 "아니오"면 나온 카드를 모두 살펴본다(역방향 카드에는 의미를 두지 않는다).

- 펜타클이 많으면 재정적인 문제를 암시한다.
- 소드는 대치 상태를 암시한다.
- 완드는 여정, 변화 등을 암시한다.
- 컵이 많으면 행운이 따르는 상황이므로 결국 해피 엔딩이 될 것을 암시한다. 성배(에이스 컵)가 있으면 더욱 그렇다.
- 메이저 카드가 많으면 자신이 통제할 수 없는 상황이므로 운명이 작동하고 있음을 암시한다.
- 코트 카드가 많으면 다른 사람들이 원하는 결과로 결정될 것을 암시한다.

메리 K. 그리어의 예/아니오 스프레드

이 스프레드는 메리 K. 그리어Mary K. Greer가 쓴 『자신을 위한 타로Tarot for Yourself』에서 배웠다. 필자가 이 스프레드를 좋아하는 이유는 첫째, 대답이 간단명료하고 둘째, 같은 카드로 더 깊은 통찰과 조언을 제시하기 때문이다. 이 리딩을 정밀하게 하려면 역방향 카드를

메리 K. 그리어의 예/아니오 스프레드

확인한다.

평소대로 셔플하고 세 장의 카드를 배치한다. 정방향과 역방향 카드 개수를 센다. 단 카드 1과 3에 나오면 한 개로 세고, 카드 2에 나오면 두 개로 센다.

옆의 예시 리딩에서 역방향 카드는 한 개, 정방향 카드는 세 개로 계산된다. 역방향 카드 '7 컵'이 카드 1에 나와 한 개로 계산, 정방향 카드인 '죽음'과 '에이스 완드'가 카드 2와 3에 나와 각각 두 개, 한 개로 계산되어 총 세 개가 된다.

계산이 끝나면 해석은 간단하다. 정방향이 서너 개면 대답은 "예", 역방향이 서너 개면 대답은 "아니오"다. 각각 두 개씩이면 결과는 아직 미정이다. 현 상황이 자신에게 최선이 아니거나, 질문이 부적절했거나 모호했을 수 있다.

대답을 확인한 후 과거-현재-미래 또는 상황-도전-조언 등 3-카드 스프레드로 리딩한다.

변형: 모든 카드를 한 개씩 계산해 동률이 나올 가능성을 없애는 간단한 변형이다.

- 모두 역방향: 확실히 "아니오"
- 두 장이 역방향: 아마도 "아니오"
- 두 장이 정방향: 아마도 "예"
- 모두 정방향: 확실히 "예"

대답을 확인한 후 리딩을 끝내거나, 과거-현재-미래 또는 상황-도전-조언 등 3-카드 스프레드로 이어서 리딩할 수 있다.

에이스의 예/아니오 스프레드

이 테크닉은 타로 레이디Tarot Lady라고도 알려진 테리사 리드The-resa Reed로부터 배웠다. 배우고 나서 많은 리더들이 사용하는 고전 테크닉임을 알았다. 마이너 아르카나 카드만 사용하기 때문에 메이저 아르카나 카드와 분리한다.

덱이 준비되면 맨 위에서부터 카드를 넘긴다. 카드를 한 장씩 뒤집으면서 에이스 카드가 나오거나 열세 장이 될 때까지 넘긴다. 세 무더기가 될 때까지 이 과정을 반복한다.

세 무더기 위로 에이스 카드가 세 장이면 대답은 "예"이다. 한 장이나 두 장이면 "아마도 예"이다(물론 한 장은 두 장보다 그 가능성이 떨어진다). 에이스가 없으면 대답은 "아니오"다.

여기서 리딩을 끝내거나, 메리 K. 그리어의 예/아니오 스프레드에서도 말했듯 3-카드 리딩을 이어서 할 수 있다.

수신 블레어 헌트의 예/아니오 스프레드

이 보석 같은 스프레드는 수신 블레어 헌트Susyn Blair-Hunt의 저서 『타로의 예견과 예지Tarot Prediction and Divination』에서 찾았다. 필자가 가장 좋아하고 신뢰하는 예/아니오 스프레드 중 하나다. 기본적인 예/아니오 스프레드와 비슷하나 역방향 카드에 기대지 않는다. 따라서 정방향 카드만 사용하는 타로 리더에게 적합하다.

평소대로 셔플하고 5-카드로 선형 배치한다.

카드의 홀수 숫자와 짝수 숫자를 계산한다. 메이저 아르카나 카드는 모두 짝수로 계산하고, 코트 카드는 모두 홀수로 계산한다. 마이너

  3장 스프레드 모음

아르카나 카드는 그들의 숫자를 가지고 짝수나 홀수로 계산한다(2, 4, 6, 8, 10은 짝수 1, 3, 5, 7, 9는 홀수).

모두 짝수 카드면 확실한 "예", 모두 홀수 카드면 확실한 "아니오"를 뜻한다. 대부분 짝수 카드면 "예, 만약" 또는 "예, 그러나"를 뜻한다. 대부분 홀수 카드면 그 반대다. 짝수나 홀수 카드 어느 한쪽이 많이 나오면 그쪽이 강세임을 의미한다.

그리고 나서 다섯 장의 카드를 자신의 방식대로 리딩한다. 필자는 선형적 서사로 리딩한다.

사랑과 연애 스프레드

거의 모든 사람들이 사랑에 대해 궁금해한다. 많은 리더들은 이를 "빵과 버터 리딩"이라 부른다. 사랑을 할 수 있을까? 사랑이 지속될까? 어떻게 해야 더 좋아질 수 있을까? 일반 스프레드도 이런 질문에 잘 작동할 수 있다. 하지만 모든 연인에게는 고유의 스프레드들이 보증하듯 몇 가지 공통된 이슈들이 있다.

3-카드 관계 스프레드

빠르고 분명한 통찰에는 3-카드 스프레드만한 것이 없다. 항상 그

렇듯이 일단 기초 정보를 얻으면 더 많은 스프레드로 더 자세한 정보
와 조언을 얻을 수 있다.

연애 중이면 이 간단하고 달콤한 스프레드로 상담을 받아보자.

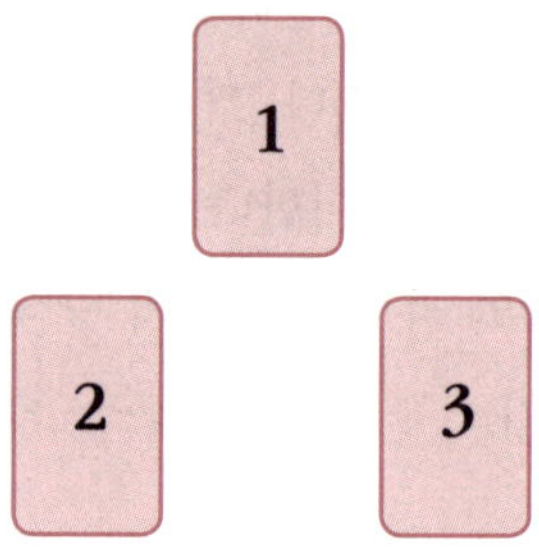

1 관계

2 나

3 파트너

연애 전선이 흔들리거나 침체되어 있다면 약간의 불씨로 불을 지
펴보자.

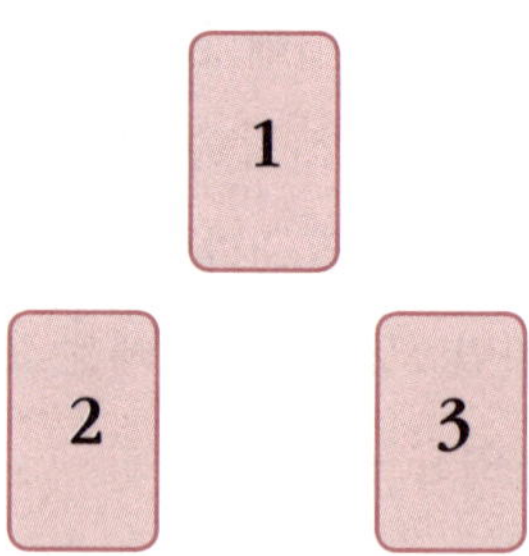

1 나의 연애 전선

2 내가 알아야 할 것

3 내가 할 수 있는 일

파트너의 감정이 궁금한가? 아래 스프레드는 파트너의 생각을 아는 데 도움을 준다.

1 그/그녀가 좋아하는 것

2 그/그녀가 싫어하는 것

3 그/그녀가 내가 알기를 바라는 것

두 사람 스프레드

이 스프레드는 상황을 약간 흔들어 놓는다. 두 사람을 함께 리딩하도록 디자인되어 있다. 각 인물에 다른 덱을 사용하면 같은 카드가 나올 수 있어 더 흥미롭다. 덱을 두 개 사용할 경우 포지션 1에 각 덱에서 뽑은 카드 두 장을 배치한다.

1 관계의 양상(덱을 두 개 사용하면 이 포지션에 두 장의 카드가 있다.)

2, 3 어떻게 느껴야 한다고 생각하는가

4, 5 실제로 어떻게 느끼는가

6, 7 투사하는 것

8~11 관계 개선을 위한 조언

두 사람 스프레드

간단한 두 선형 레이아웃으로 느낌과 경험을 쉽게 비교할 수 있다. 기억할 것은 각 인물의 카드를 같이 리딩한다. 두 카드를 비교함으로써 정보가 더 풍성해진다. 또한 카드 2, 4, 6을 묶어 리딩하면 A의 경험을 더 섬세하게 알 수 있다. 카드 8, 9는 A를 위한 조언이고 카드 10, 11은 B를 위한 조언이다. 무슨 일이 일어나든 두 사람이 열린 마음으로 솔직할 준비가 되어 있는지 확인한다. 필자가 타로에서 가장 중요하게 여기는 원칙은 알고 싶지 않으면 묻지 않는 것이다.

변형: 카드 두 장을 추가해(각 덱에서 하나씩) 맨 아래 중앙에 12, 13으로 배치한다. 두 사람이 함께 실천할 조언으로 리딩한다.

그가 돌아올까 스프레드

대부분의 사람들이 슬픔에 빠지거나 위기에 봉착하면 타로 리더를 찾는다. 연애 관계가 끝났을 때도 마찬가지다. 쓰라린 아픔을 느끼면서 아직은 파트너가 없는 미래를 상상할 수 없기에 "그/그녀가 돌아올까요?"를 묻는다. 간단한 예/아니오 스프레드나 펜듈럼(많은 리더들이 이런 경우에 활용한다)도 답을 줄 수 있다. 이 스프레드는 더 많은 걸 제공한다. 질문에 대한 대답뿐 아니라 그 대답이 뭐가 됐든 앞으로 나아갈 수 있는 정보를 준다.

먼저 수신 블레어 헌트의 예/아니오 스프레드(108쪽)로 대답을 얻는다. 그러고 나서 다음과 같이 카드를 해석한다.

파트 1: 1~3(하트 모양으로 배치)

파트2: A~C

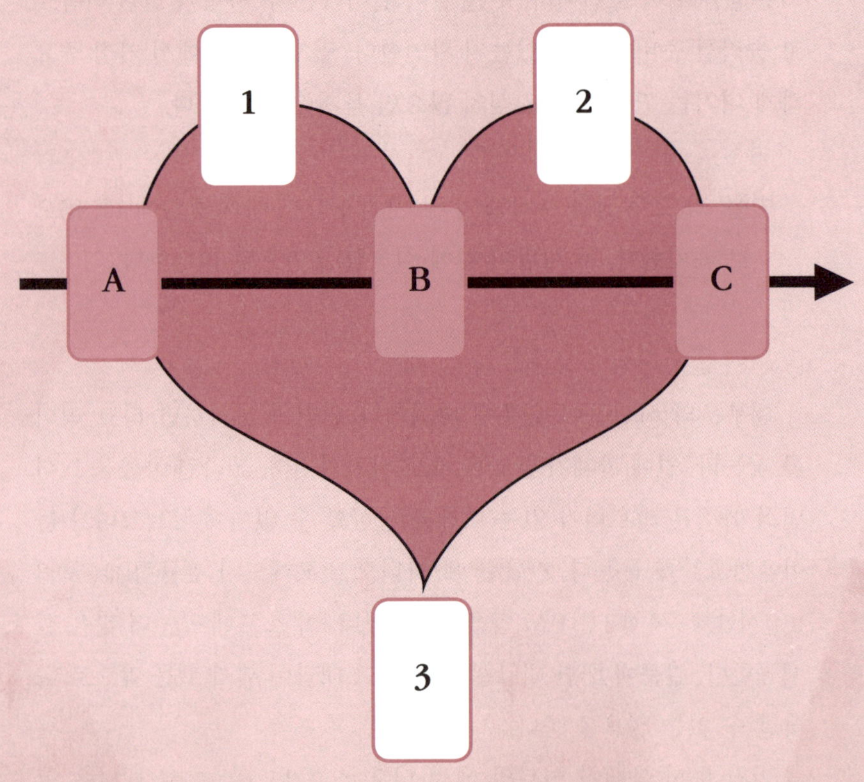

사랑을 찾아서 스프레드

1 그 사람이 돌아왔으면 하는 이유

2 그 사람이 돌아오지 않았으면 하는 이유

3 무엇이 잘못되었는가

4 무엇을 내려놓아야 하나

5 무엇을 배우는가

사랑을 찾아서 스프레드

가장 흔한 질문이 "내가 찾는 사랑이 언제 올까?"이다. 이 스프레드는 파트 1과 2로 나눠 진행한다. 파트 1에서 "앞으로 석 달 안에 내 인생에 사랑이 찾아올까?"라고 묻는다. 기간은 자신이 원하는 대로 한다. 파트 2는 파트 1의 대답을 근거로 조언한다. 깔끔하지 않은가?

파트 1 (하트 모양)

1~3 다음 질문의 대답으로 이 카드들을 같이 리딩한다. "앞으로 석 달 안에 새로운 연애가 시작될 징후가 있는가?" 만일 세 장의 카드로 예/아니오 대답을 얻는 자신만의 리딩 방법이 없으면 앞에서 설명한 방법 중 하나를 골라 사용한다.

파트 2

파트 1에 카드 A, B, C를 추가한다.

• 파트 1의 대답이 "아니오"인 경우

A~C 다음 질문의 대답으로 이 카드들을 같이 리딩한다.

"내 삶에 연애가 오게 하려면 어떻게 해야 할까?"

그 사람 스프레드

• 파트 1의 대답이 "예"인 경우

A~C 다음 질문의 대답으로 이 카드들을 같이 리딩한다.

"앞으로 올 연애에 대해 내가 알아야 할 것은 무엇인가?"

그 사람 스프레드

연애를 하다보면 관계가 지속될지 궁금할 때가 있다. 흥분과 드라마에 쉽게 빠지지만 한 걸음 물러나 관계를 전체적으로 살펴보는 것이 좋다. 자신이 상대를 어떻게 느끼는지 보다 구체적으로 살펴볼 필요가 있다. 이 스프레드는 상대에 대한 자신의 반응을 여러 각도에서 검토하게 해 생각할 거리를 많이 제공한다.

주의: 카드 6은 다른 카드와 같이 놓지 않고 리딩이 끝난 후 질문자가 뽑는다.

1 직감: 그 사람과의 관계에 대한 자신의 직감. 이것이 대답을 얻고자 하는 진짜 이유일 수 있다. 논리적으로 설명하기 어렵지만 무언가 안다는 느낌이다.

2 육체: 그 사람에 대한 자신의 육체적 반응. 둘 사이에 특별한 성적 끌림이 있는가? 이 관계가 육체적 측면에서 만족스러운가? 같이 있을 때 둘 사이의 거리감 같은 것일 수도 있다.

3 감정: 그 사람에 대한 자신의 감정적 반응. 이 관계가 균형잡힌 건강한 감정을 독려하는가? 아니면 통속 드라마 같은 재미에 불과한가? 정서적인 친밀도가 부족한가? 자신의 기분은 어떤가?

4 지성: 그 사람에 대한 자신의 지적인 반응. 지적인 자극을 받는 가, 지루한가, 위축되는가? 대화가 즐거운가? 자신이 논쟁을 다 루는 방식 또는 함께 도전에 맞서는 방식과 관련될 수 있다.

5 영성: 자신의 영적 융화성. 영감을 받는가? 그 사람과 같이 있으 면 긍정적인 방식으로 성장하고 변화하고 싶다는 마음이 드는 가? 이 관계를 크게 해칠 만한 문제가 있는가?

6 질문: 자신에게 할 질문. 이 카드가 가장 중요할 수 있다. 앞으로 나아가기 전에 생각해볼 주요 사항을 지적하는, 즉 문제의 핵심 을 가리킨다.

십자형 구성처럼 카드 1은 카드 2~5와 관련된다. 카드 1~5를 충분히 논의하고 나서, 리더는 남은 카드들을 펼치고 질문자는 거기서 카드 한 장을 뽑는다. 이것이 카드 6이다. 카드 6이 보여주는 대답이 매우 분명하다는 것을 스스로 알 것이다. 앞의 카드들을 거친 후에 카드 6을 뽑는 이유다. 다양한 각도에서 검토하는 과정을 거친 후에 뽑기 때문에 더 많은 걸 감지할 수 있다.

더 나은 사랑 만들기 스프레드

오랫동안 만족스런 관계를 이어왔다면 관계를 좋게 유지하기 위해 노력과 관심이 필요하다는 걸 이미 알고 있을 것이다. 이 스프레드는 현재 관계가 힘들거나 안정적이거나(정체기 임박) 변화 요소가 많거나 (그 변화가 좋든 나쁘든 중간이든) 어떤 상황에서든 활용하면 좋다. 리딩은 그것을 하는 그 순간에 대한 것임을 기억하자. 따라서 주변 상황이 바

   3장 스프레드 모음

뀌면 강점, 취약점, 조언 등이 모두 바뀐다.

1 강점: 이 시점에 이용할 관계의 가장 중요한 강점. 자신이 사용할 수 있는 적극적인 에너지

2 지속성: 지금까지 지속시켰고 앞으로도 지속시킬 관계의 한 요소. 자신이 믿을 수 있는 견고한 에너지

3 취약점: 관계의 취약한 부분으로 문제를 일으킬 수 있거나 추가로 주의해야 할 것. 에너지를 소모시킬 수 있다.

4 할 일: 내가 해야 할 일. 자신의 삶과 이 관계의 가장 긍정적인 부분을 최대한 활용할 수 있는 일

5 그만둘 일: 하지 말아야 하거나 그만둬야 할 일. 올바른 일 같지만 사실 지금 시점에서는 최선이 아닐 수 있다.

6 별의 안내: 현재 자신이 가장 바라는 것. 모든 과정을 끌고갈 수 있다. 거기에 근접할 만한 일이 있다면 그것을 하라.

처음 세 장은 피라미드의 기반이자 관계의 토대를 구축한다. 카드 1과 4를 비교해 둘의 작동 방식을 봐야 한다. 카드 3과 5도 마찬가지다. 카드 6은 카드 2보다 높은 진동, 즉 고차적인 표현일 수 있다.

마음 치유 스프레드

우리는 슬픔, 분노, 두려움을 느낄 때 쉽게 그 감정에 휩쓸려 문제를 제대로 파악하지 못한다. 이 스프레드는 감정의 뿌리, 증상, 고통을 완화하는 방법을 찾아준다.

6

4   5

1   2   3

더 나은 사랑 만들기 스프레드

마음 치유 스프레드

1 뿌리: 고통의 진짜 원인

2, 3 증상: 고통의 증상

4 필요: 고통에서 벗어나 마음의 평화를 얻기 위해 필요한 것

5 행동: 마음을 치유하는 데 필요한 행동

6 결과: 고통은 성장과 변화를 동반한다. 이 카드는 치유 후에 달라
　지는 모습을 보여준다.

카드 1~3은 고통스런 경험의 핵심을 보여준다. 카드 4~5는 자신
이 해야 할 일이다. 모든 경험의 핵심은 상처와 치유다. 그 결과는 카
드 6에 있다.

부케 스프레드

이 스프레드는 연애, 우정, 가족애 등 모든 관계를 조명한다. 로 스
카라베오Lo Scarabeo에서 출판한 「꽃의 정령 타로Spirit of Flowers Tarot」
에서 영감을 받았다.

빅토리아 시대는 사회적 예의범절이 워낙 엄격했다. 당시 남녀는
자신들의 감정을 숨기고 비언어적 표현에 의존해 감정을 주고받았
다. 꽃은 상징 언어로 중요한 역할을 했다. 모든 꽃에 의미가 있었다.
색깔에도 의미가 있었고 꽃을 선물하는 방식에도 의미가 있었다. 꽃
을 오른손으로 주는지 왼손으로 주는지, 리본을 오른쪽에 다는지 왼
쪽에 다는지에도 의미가 있었다. 마치 타로 리딩과 비슷하지 않은가?

1 첫 번째 꽃: 이 관계를 통해 얻는 가장 큰 기쁨이 무엇인지 보여준

다. 관계에 대한 느낌, 사랑하는 사람에 대한 것, 아예 다른 어떤 것일 수도 있다. 사람을 기쁘게 하는 일은 대개 긍정적인 것이므로 이 카드가 부정적인 것을 보여주면 특히 주목한다.

2 두 번째 꽃: 사랑하는 사람에 대한 느낌을 보여준다. 많은 것을 느낄 것이다. 이 느낌을 리본과 줄기와 같이 고려할 때 리딩에서 가장 중요해진다.

3 세 번째 꽃: 이 관계에서 걱정하는 것이 무엇인지 보여준다. 자기 자신, 상대방, 앞으로의 관계 등일 수 있다.

4 리본: 둘을 함께 묶어주는 것이 무엇인지 보여준다. 건강한 사랑, 위험한 사랑, 집착, 공동 의존co-dependency, 두려움, 의무감 등 많은 이유로 상대방에게 애착한다. 그것이 긍정적인지 부정적인지 세 번째 꽃과 어떤 관련이 있는지 살펴본다.

5 줄기: 자신이 무엇에 매달리고 있는지 보여준다. 장기적으로 결혼, 행복, 용서 등을 바라고 있을 가능성이 높다. 일반적으로 자신이 이 관계를 유지하는 이유다.

6 조언: 이 카드는 다른 카드와 같이 놓지 않는다. 리딩이 끝나고 남은 덱을 앞면을 아래로 향하게 해서 펼친 뒤 한 장을 뽑는다. 이 카드의 메시지는 조언이다. 줄기 카드와 직접 관련된 것이거나 이 관계를 유지할 때의 장점 또는 단점에 대해 조언한다.

이 스프레드를 해석할 때 처음 세 장의 카드와 리본 카드가 어떤 관련성을 갖는지 특히 주목한다. 때로는 한쪽에서 좋아하거나 싫어해도 둘의 관계가 형성된다. 꽃과 리본 사이에 아무 관련이 없어 보일

부케 스프레드

수도 있다. 이것은 관계를 바라보는 둘의 관점이 같은 현실을 기반으로 하지 않고 있음을 의미한다. 이때는 꽃들과 줄기의 관계를 살펴본다. 현재보다 미래에 더 초점을 맞추고 있을 수 있다.

돈에 관한 리딩

필자는 현장 경험을 통해 사람들이 돈이나 사랑에 대해 많이 물어본다는 것을 안다. 돈과 관련한 질문은 대개 일반 스프레드를 사용한다. 여러 곳의 직장이나 다양한 직업군에서 선택해야 하는 경우 73쪽에 소개한 바버라의 일반 스프레드나 23쪽의 선택 스프레드를 사용한다. 상사, 동료, 프로젝트와 관련한 문제라면 79쪽의 조언자 그룹 스프레드나 81쪽의 4원소의 조언 스프레드를 사용한다. 자신의 직업이 걱정되거나 불만이라면 117쪽의 그 사람 스프레드 같은 관계 스프레드를 수정해서 사용한다. 누군가에게 직업은 마치 연인처럼 긴밀한 관계이기도 하다. 따라서 동일한 스프레드에 직업과 연인 둘 다 적용할 수 있는 것은 이치에 맞다.

필자는 돈과 관련한 문제를 더 깊이 다루기 위해 두 가지 스프레드를 개발했다. 직업에 대한 질문이나 걱정이 때로는 근본적인 문제를 보지 못하게 한다. 다음에 소개하는 스프레드는 풍요나 재정적 성공을 방해하는 장애물을 알아내는 데 유용하다.

1   2   3   4

돈에 관한 태도 스프레드

돈에 관한 태도 스프레드

돈에 관한 자신의 태도를 다양한 측면에서 보여준다. 돈과의 관계, 자신의 반응 등을 알 수 있다. 코트 카드만 사용한다.

코트 카드를 꺼내 셔플한 뒤 카드 네 장을 배치한다.

1 감정적 태도: 돈에 대한 자신의 감정. 필요한 것을 얻는 것 외에 돈에 어떤 의미가 있는가? 안전을 의미하는가? 힘을 의미하는가? 돈은 "나쁜" 것인가? 탐욕이나 영성의 결핍을 의미하는가? 재정에 어떤 역할을 하는가?

2 지적 태도: 돈에 대한 자신의 지적인 이해. 감정과 실질적 필요성을 뺀 돈과 재정에 관한 자신의 논리적 이론을 보여준다. 그 이론을 얼마나 실천하고 있는가?

3 실천적 태도: 일상에서 실제로 돈을 사용하는 방식. 어떤 식으로 예산을 세우고, 충동적으로 소비하고(또는 하지 않고), 미래 계획을 세우는가(또는 세우지 않는가) 등을 보여준다. 다른 세 장의 카드로부터 어떤 영향을 받는가?

4 영적 태도: 돈뿐만 아니라 기부, 나눔, 자선 등에 관한 자신의 믿음. 또한 돈, 자원, 에너지 교환 등 우주의 형이상학 법칙에 대한 (또는 그 부재 여부에 대한) 자신의 생각을 보여준다.

풍요에 관한 태도 스프레드

풍요와 돈은 다르다. 돈에 매달리지 않아도 풍요로운 삶을 살 수 있다. 돈에 집중하는 것이 풍요로운 삶을 방해하기도 한다.

풍요에 관한 태도 스프레드

1 돈에 관한 태도: 돈과 풍요에 대한 신념에서 돈의 역할

2 번영에 관한 태도: 돈과 풍요에 대한 신념에서 풍요의 역할

3 필요: "필요성"을 어떻게 판단하는가? 필요가 충족되는가? 계속 필요하다고 느끼는가? 실제로 궁핍했던 적이 있는가?

4 결핍: 원하는 게 있어야 움직이는가? 충족되지 않으면 영감을 받는가, 불만이 생기는가?

5 기부/나눔: 자신은 관대한가? 그 이유는? 기부하고 나누는 이유는 무엇인가? 그것이 풍요에 어떤 영향을 주는가?

6 소득: 자신이 받는 것은 모두 일을 해서 벌어야 한다고 생각하는가? 풍요는 "얻는" 것인가?

7 받기: 자신이 받는 것에 얼마나 관대한가? 조건 없이 받는가, 아니면 심리적으로 대차대조표를 계속 짜게 되는가?

8 증가: 삶을 더 풍요롭게 만드는 우주의 메시지이자 조언이다.

스프레드 중앙에 교차 배치된 카드 1과 2가 돈과 풍요에 관한 자신의 태도를 보여준다. 둘이 어떻게 보완하거나 대립하는지 주목한다. 카드 3, 4는 돈과 풍요에 관한 자신의 신념 체계를 추진하고 유인하는 역할을 한다. 카드 5~7은 자원이 나가고 들어오는 것을 보여준다. 여기서 나타나는 문제들이 돈과 풍요에 문제를 일으키는 원인이다.

변형: 카드 1~7을 모두 해석할 때까지 카드 8을 배치하지 않는다. 특정 질문을 하고(포지션 의미가 아닌) 카드 8이 그 대답이 된다. 이때 카드를 펼쳐 질문자가 카드를 뽑게 한다(질문자가 셔플이나 컷

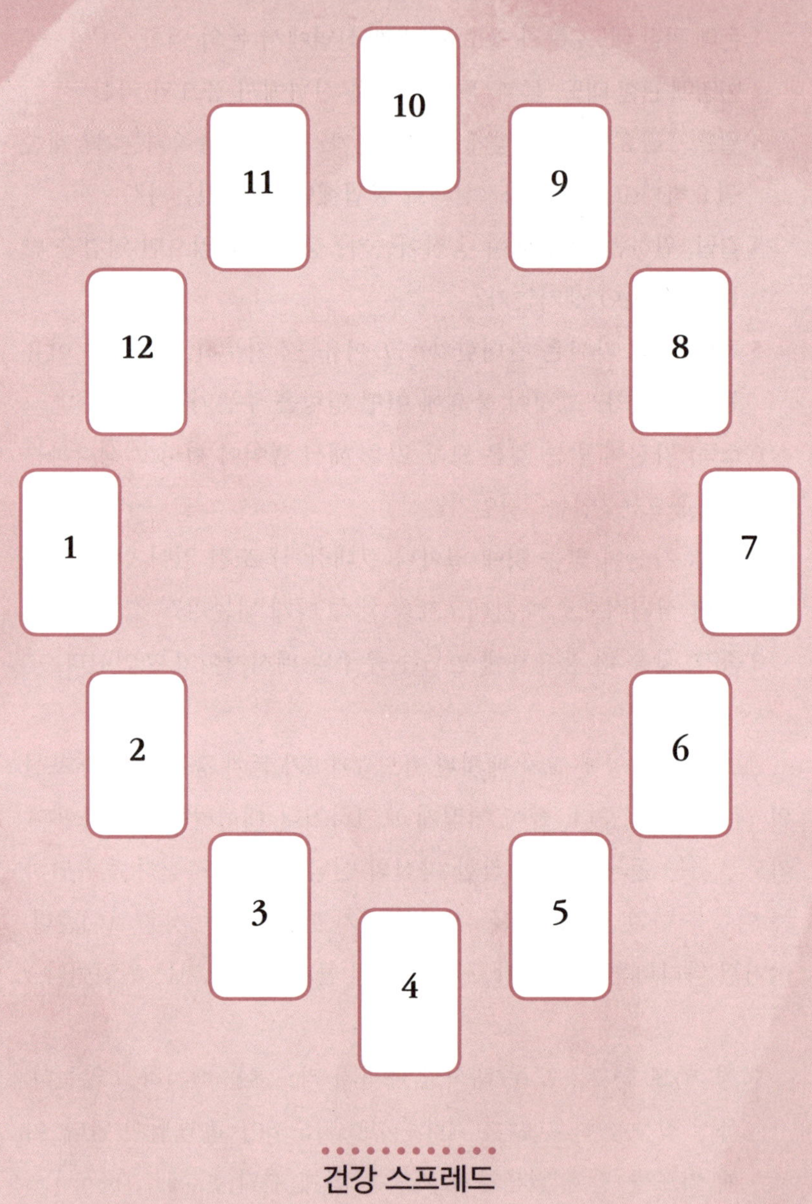

건강 스프레드

cut[덱을 세 무더기로 나누는 것. 옮긴이]을 하지 않았어도). 117쪽의 그 사람 스프레드와 122쪽의 부케 스프레드처럼 리딩 마지막까지 기다렸다가 질문자가 카드를 선택하게 하는 것이 중요하다.

건강 스프레드

사랑과 돈 다음으로 많이 궁금해하는 것이 건강이다. 일반적으로는 사실이지만 필자의 현장에서는 조금 다르다. 필자의 고객들은 대부분 건강에 대해 물어볼 때 특정 부분을 걱정한다. 그래서 일반 스프레드로 알아야 할 정보를 살펴본다. 그러나 건강과 관련한 실질적인 걱정이나 문제, 증상 없는 고객을 대상으로 일반 스프레드를 사용하는 경우는 거의 없다. 따라서 필자는 건강 맞춤용 스프레드는 하나만 갖고 있다. 별자리 스프레드를 기반으로 한다.(조디액 12싸인[황도 12궁]에 상응하는 인체 부위가 있는데 그것에 기반한다는 의미. 옮긴이) 건강에 대한 일반 개요를 원하면 이 스프레드로 문제를 찾고 나서 다른 스프레드로 전환해 더 자세한 정보를 얻는다.

1 머리
2 목, 갑상선
3 폐, 신경, 어깨
4 위장, 가슴
5 심장, 척추

6 창자, 허리

7 신장, 결장

8 생식기

9 엉덩이, 허벅지

10 무릎, 관절, 뼈

11 혈액 순환, 발목

12 발, 면역 체계, 정신적 문제, 중독

특별 스프레드

이 스프레드들은 앞서 언급한 분류에 속하지 않는다. 따라서 일반적인 질문에 답하지 않을 가능성이 높다. 그러나 타로는 너무 빤한 질문에 대한 대답 그 이상의 의미가 있으며, 철학적이고 영적이고 도발적인 질문들에 대해 깊이 파고든다. 타로는 우리의 생각과 신념과 감정을 건드려 우리가 찾고 있는 것을 보게 한다. 다음에 나오는 스프레드들은 일상적인 질문은 없지만 카드를 다루고 싶을 때 사용하기에 좋다.

일상적인 질문과 대답은 당연히 우리 삶과 타로 연습에서 중요하다. 그러나 특별한 스프레드를 통한 리딩은 뜻하지 않은 보물을 안겨줄 것이다. 따라서 우리가 한계라 생각했던 것을 뛰어넘을 가능성이 높다는 걸 유념한다. 자신에게 매우 솔직하리라 마음먹는다.

앞으로 나올 처음 네 개 스프레드는 메이저 아르카나 카드에서 영

　　　　　　　　　　　　　　3장 스프레드 모음

감을 받았다. 22장의 강력한 카드는 아름답고 깊이 있는 스프레드에 영감을 준다.

부름에 응답 스프레드

'심판Judgement' 카드는 일종의 부름을 듣는 것에 관한 카드다. 자신보다 큰 무언가에게 압도당하는 느낌을 받는 순간이다. 이런 부름은 강력한데 모호하다. 자신의 현재 사고방식과 너무 달라 어떻게 응답할지 어려울 수 있다. 이 스프레드는 어떤 부름인지 명확히 알게 하고, 어떻게 응답할지에 대해 조언한다.

1 부름: 이 부름의 본질. 이것이 문제의 핵심, 변화의 중심, 전달받은 주요 에너지다.

2 영적 반응: 이 부름이 요구하는 영적인 응답 방식. 영적 신념이나 실천적 변화를 제시할 수 있다.

3 지적 반응: 이 부름이 요구하는 지적인 응답 방식. 배움, 사고, 소통 등에 관한 것일 수 있다.

4 감정적 반응: 이 부름이 요구하는 감정적인 응답 방식. 감정, 관계 등을 알려줄 수 있다.

5 육체적 반응: 이 부름이 요구하는 육체적인 응답 방식. 할 수 있는 일, 해야 할 행동 등을 알려줄 수 있다.

변형: 이 스프레드는 메이저 카드로만 리딩한다. 그러고 나서 포지션 2~5에 배치된 메이저 카드들 옆에 마이너 카드를 셔플한 뒤

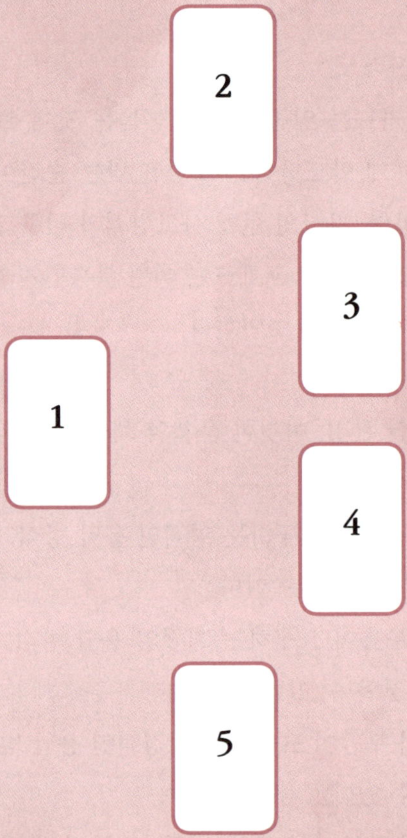

부름에 응답 스프레드

카드를 뽑아 배치한다. 이 카드들은 "현실"에서 "응답"이 어떻게 펼쳐질지로 해석한다. 부름에 응답하고 나서 일상의 삶이 어떻게 보이는가?

그림자를 지나서 스프레드

실제 달도 그렇지만 '달The Moon' 카드는 매혹적이다. 그러나 두려움, 혼란, 환영 등이 펼쳐진 곳을 통과하는 위험한 여정을 암시하기도 한다. 이 스프레드는 그런 '달' 카드에서 영감을 받았다. 감정의 혼란, 힘든 시기, 현혹되는 생각 등이 일어날 때(자신의 마음 때문이든 주변 상황으로 인한 것이든) 사용하면 좋다.

포지션은 전통적인 '달' 카드에 그려져 있는 가재, 짖는 개, 탑, 길 등을 반영했다. 메이저 카드만 분류해서 셔플한다. 카드 한 장을 뽑아 앞면을 위로 향하게 해서 포지션 1(달)에 배치한다. 다시 카드 한 장을 뽑아 앞면을 아래로 향하게 해서 포지션 7(길)에 배치한다. 이 카드는 다른 카드 해석이 모두 끝날 때까지 뒤집지 않는다. 나머지 메이저 카드와 남은 덱을 합쳐 다시 셔플하고 카드 2~6에 배치한다.

1 달: 진실 또는 태양빛 이면을 보여준다. 진실에 대한 자신의 생각을 은유적으로 보여준다. 자신이 "진실"이라 생각했던 그 주변을 인식함으로써 보고 경험하는 것을 더 잘 해석할 수 있다.
2 가재: 이 상황이나 이 순간에 깊이 자리한 내적인 두려움. 이것을 주의하지 않으면 스스로 위축되고 발전에 방해가 될 것이다.
3 개, 4 늑대: 외적인 두려움, 혼란, 환영 등을 보여준다. 가야 할 길

그림자를 지나서 스프레드

을 보지 못하게 해서 잘못된 길로 유도할 수 있다. 개는 자신과 자기 삶에 익숙한 것을 암시하고, 늑대는 생각하지 못한 미지의 것을 암시한다.

5, 6 탑: 가야 할 길을 밝혀준다. 자신이 간과했던 그림자에 숨겨진 것들을 알 수 있다.

7 길: 지금 이 순간 자신에게 의미 있는 여정의 본질을 보여준다. 이 카드를 안내자로 삼아 앞으로 나아간다.

운명의 수레바퀴 스프레드

삶을 바꾸는 큰 사건은 흥분되고, 두렵고, 또 머릿속을 복잡하게도 만든다. 어느 정도 예상할 수 있다면 편안한 마음으로 변화에 대비할 수 있다. 자기 인생에 찾아온 새로운 에너지를 의식하고 이용하는 데 도움을 받을 수 있을 것이다.

어떤 덱은 '운명의 수레바퀴Wheel of Fortune' 카드에 각 모토가(라틴 어로) 있는 네 형상이 바퀴를 둘러싸고 있다. 왼쪽 형상은 "regnabo", 즉 나는 지배할 것이다. 위쪽 형상은 "regno", 즉 나는 지배한다. 오른쪽 형상은 "regnavie", 즉 나는 지배했다. 아래쪽 형상은 "sum sine regno", 즉 나는 지배하지 않는다. 이것은 늘 무언가가 들어오고 나가는 우리 삶의 한 주기를 보여준다. 현재 지배하는 에너지의 영향력이 당연히 가장 크지만, 들고 나는 에너지도 중요하다. 부재하는 에너지 역시 결핍이 주는 영향이 있으므로 중요하다.

평소대로 셔플하고 카드 1~4를 배치한다. 남은 덱 맨 아래에 있는 카드를 카드 5에 배치한다. 필자는 카드 무더기 제일 밑바닥이 가능

운명의 수레바퀴 스프레드

성들의 근간이라 생각한다. 따라서 바퀴 중앙에 놓는 것이 타당하다.

1 **나는 지배한다**: 현재 가장 큰 영향을 미치는 에너지나 상황을 보여준다. 곧 바뀔 부분이다. 긍정적인 카드면 변화를 바라지 않을 가능성이 높다. 불만족스런 카드가 나오면 변화를 환영할 가능성이 높다.

2 **나는 지배했다**: 최근 자신의 삶을 관통했거나 일부 남아 있는 에너지나 영향력을 보여준다. 인생의 다음 단계로 넘어가는 자연스러운 변화를 방해하는 끝내지 못한 일, 미처 배우지 못한 삶의 교훈, 감정의 부담 등일 수 있다. 이 카드에 대한 자신의 반응을 살핀다.

3 **나는 지배할 것이다**: 앞으로 다가올 이정표가 될 만한 새로운 에너지를 보여준다. 그만큼 이 카드에 대한 자신의 반응이 긍정적인지 부정적인지 주의 깊게 살핀다. 어떤 면에서는 가장 중요하고(중앙 카드와 함께) 가장 큰 관심사일 수 있다.

4 **나는 지배하지 않는다**: 과거, 현재, 미래 상황에 부재하는 에너지를 보여준다. 무언가 부재한다는 것은 존재하는 것만큼이나 전달하는 이야기가 있다. 자기 인생에 필요한 균형점이나 내재된 혼돈을 보여줄 수 있다.

5 **중심**: 자기 인생에 계속 남게 되는 것을 보여준다. 찾아올 변화에도 안정을 유지하는 데 도움이 되는 자신의 성격이나 삶의 한 부분이다. 안정된 무언가에 집중하는 것은 중요하다. 그래야 떠도는 느낌이나 압도당하는 느낌을 받지 않을 수 있다.

처음 세 장의 카드를 자세히 살펴본 후 카드 4, 즉 "나는 지배하지 않는다"를 검토한다. 이 에너지는 처음 세 장의 카드가 보여주는 패턴과 어떻게 다른가? 이 카드에 자신이 어떻게 반응하는가? 이 카드가 자신의 주의를 빼앗는 무언가인가, 아니면 다른 것에 집중하기 위해 잠시 유보해야 할 삶의 한 영역인가? 이 카드를 자기 인생에 없는 것이라 여겨 갈고 닦아야 할 무언가로 리딩하려는 유혹이 있을 수 있다. 그러나 사실이 아닐 수 있기에 그러한 충동을 자제한다. 삶에 균형이 필요할 때가 있듯이, 절제하기 위해 한곳에 집중해야 할 때도 있다.

이런 시기에는 균형을 잡는 것이 불가능할 뿐 아니라 바람직하지도 않다. 시간을 두고 이 카드를 살펴보면서 그 에너지를 현 상황에 가져올 때 어떤 변화가 일어날지 생각해본다. 중심 카드와 다른 카드들을 비교하는 시간을 갖는다. 중심은 바뀌지 않으며 바꿀 수도 없다. 어떤 식으로든 다른 카드에 영향을 줄 것이다. 처음 세 장의 카드로 진행 상황을 알 수 없을 때 이 카드와의 관련성을 살펴본다. 마치 이 카드의 다른 측면들인 것처럼 말이다.

말한 것 실천하기 스프레드

'교황The Hierophant' 카드는 사람마다 호불호가 있다. 좋아하지 않는 사람들에게 메이저 아르카나 5는 억압과 엄격한 교리를 뜻한다. 그러나 좋아하는 사람들은 그 의미에 대해 의견이 다양하다. 필자는 이 카드가 영성과 일상의 교집합을 보여준다고 생각한다. 이런 영감에서 이 스프레드가 만들어졌다. 자신의 신념이 일상에 어떤 식으로

3장 스프레드 모음

표현되는가? 자신이 한 말을 얼마나 잘 실천하는가?

덱에서 메이저 아르카나와 마이너 아르카나를 분류한다. 포지션 1~6은 메이저 아르카나 카드만 사용한다. 그것은 자신의 신성, 상위 자아, 이상 등을 보여준다. 포지션 7~12은 마이너 아르카나만 사용한다. 일상 속 자신의 실제 모습을 보여준다.

머리

1 신념 ― 중요한 영적 신념이나 철학

7 신념에 따라 사는 방식 ― 신념을 적용하는 방식

입

2 메시지 ― 세상에 공유하는 신념의 일부

8 다른 사람에게 말로 전달하는 신념의 내용

왼손

3 기부와 나눔에 대한 신념

9 실제로 세상에 기부하고 나누는 방식

가슴

4 가슴 깊이 느끼는 것

10 이 중요한 느낌을 세상에 표현하는 방식

말한 것 실천하기 스프레드

이 스프레드로 자신의 이상과 실제를 쉽게 비교할 수 있다. 신념이 행동에 어떻게 반영되는지(또는 반영되지 않는지) 한눈에 보인다. 신념이 실제로 잘 이뤄지지 않는 곳이 있으면, 마이너 아르카나 카드에서 자신의 경향과 잘 맞는 카드를 선택해 그 방식으로 이룰 방법을 결정할 수 있다. 신념이나 이상이 자신이 바라는 것과 다른 곳이 있으면, 메이저 아르카나 카드에서 더 적합한 것을 선택해 그것을 자신의 신념에 통합시킬 방법을 결정할 수 있다.

더 나아가 각 부분은 어떤 식으로 관련을 맺는지 생각해본다. "머리"는 몸의 다른 부분에 어떻게 정보를 제공 또는 지시하는가? "가슴" 에너지가 팔다리에까지 이르는가? "손"과 "발"은 몸의 다른 부분과 조화롭게 움직이는가? "입"은 "머리"나 "가슴"에 잘 연결되어 있는가, 아니면 둘 다 연결이 안 되어 있는가?

1

2

3

4

5

계절의 삶 스프레드

계절의 삶 스프레드

금언은 그 자체로 영감을 준다. 공명을 일으키는 문구가 있으면 스프레드로 만들어보자. 필자는 헨리 데이비드 소로(1817-1862, 미국의 시인, 수필가, 철학자. 옮긴이)가 쓴 문구에서 영감을 받았다. 한 줄 한 줄 읽으면서 스프레드가 저절로 만들어졌다.

흘러가는 계절에 따라 살아라

그 공기를 호흡하라

그 물을 마셔라

그 과일을 맛보라

그 모든 영향에 자신을 맡겨라

덱을 살펴보고 지금 또는 앞으로 다가올 계절을 나타내는 카드 한 장을 골라 카드 1에 놓는다. 그러고 나서 평소대로 셔플하고 나머지 카드를 배치한다.

1 나의 계절

2 이 계절에 나를 살도록 해주는 것

3 이 계절에 나를 새롭게 하는 것

4 이 계절에 나를 성장시키는 것

5 이 계절에 견뎌야 하는 것

변형: 앞에서 설명했듯이 단순히 1년 중 현재 계절을 나타내는 카

드를 골라 리딩할 수 있다. 또는 날씨나 달력에 기반한 계절이 아닌 현재 삶의 단계가 더 궁금하다면 이 변형을 시도해본다. 덱을 평소대로 셔플하고 각 포지션에 카드를 배치한다. 계절 카드를 고르지 않는다. 대신 타로가 카드를 통해 삶의 현 단계에서 알아야 할 것을 알려주게 한다.

핼시언 분기점 스프레드

2007년 12월 조애나 파월 콜버트Joanna Powell Colbert(「가이안 타로 Gaian Tarot」를 창작한 예술가이자 작가. 옮긴이)는 핼시언 데이즈Halcyon Days 에 대해 자신의 블로그에 다음과 같이 썼다.(핼시언은 그리스 신화에 나오는 새다. 동지 무렵 바다 위에서 알을 까기 위해 풍파를 잠재우는데, 서양에서는 이를 두고 평화롭고 풍요로운 시기를 핼시언 데이즈라고 은유적으로 표현한다. 옮긴이)

동지 전후로 바람과 물결이 잔잔해지는 것은 어미 물총새가 바다 위에 떠다니는 둥지 안에서 알을 품을 수 있게 하기 위해서다. 이때는 목가적인 따스함, 행복, 평화로운 시간을 연출하는 단계에 이른다. 우리가 그것을 채 알기도 전에…
만약 내가 이 세상의 여왕이라면 해마다 12월을 핼시언 데이즈로 제정할 것이다. 동짓날 전후로 2주간 "정규" 업무나 "일반" 행위를 하지 말라고 장려할 것이다. 대신 가는 해와 오는 해를 묵상하며 자기반성의 시간을 갖도록 할 것이다.

위의 글에 영감을 받아 이 스프레드를 창작했다. 핼시언 분기점 스프레드는 어느 때든 사용할 수 있다. "분기점"은 은유적인 표현으로 활동적이고 바쁜 와중에 차분히 쉬는 삶의 모든 순간을 의미한다.

1 지렛대, 중심축, 분기점
2~4 지나가는 한 해에 해당한다.
5~7 다가오는 새해를 보여준다.

1 현재 나의 위치, 과거에서 미래로 흐르는 중추 에너지에 관한 스냅 사진
2 버려야 할 것
3 배워야 할 것
4 앞으로 해야 할 것
5 기다리고 있는 기회
6 마주하게 될 도전
7 1년간 간직할 메시지

카드 2~4가 어떻게 1에 이르고, 또 어떻게 5~7로 흐르는지 상상해보는 것도 흥미롭다.

개인 신화 스프레드

그리스 철학자 플라톤은 아틀란티스에 대해 이야기한 적이 있다. 그는 당시의 사람들이 서로 조화를 이루고 자연과도 조화롭게 살았던 황금시대를 자세히 묘사했다. 이런 유토피아는 지나간 과거이고,

핼시언 분기점 스프레드

불행히도 그런 일은 종종 그렇듯 흔적도 없이 사라진다. 그 흔적이 물질적으로는 남아 있지 않지만 사람들의 마음과 상상력에 남아 있다.

고대 유토피아 사회를 떠올려보는 일은 특별한 것이 아니다. 철학자, 작가, 종교 창시자들은 이를 주제로 책을 쓰곤 했다. 사실 우리도 개인으로서 그런 비슷한 행동을 한다. 누구나 자기 삶에 애정을 가지고 기억하는 낭만적인 순간이 있다. 그 순간이야말로 "내 인생 최고의 순간"이 된다. 그 후로 그런 좋은 일은 오지 않는 것 같다.

일반적이고 문제될 것 없는 매우 자연스러운 현상이다. 그러나 그런 기억이 마음속에 신화처럼 자리 잡으면 지금 삶의 행복과 만족을 방해할 수 있다.

이 스프레드는 그런 기억이 현재의 불만이나 불행에 어떤 역할을 하는지 알려준다. 당시의 장단점을 확인하고 그 결과와 흔적을 살펴 지금의 행복을 위해 어떻게 활용할지 알아볼 수 있다.

셔플하고 처음 다섯 장은 카드 앞면을 아래로 향하게 해서 배치한다. 카드 6은 카드 1 위에 올려놓되 카드 앞면을 위로 향하게 한다. 이 마지막 카드가 신화가 된다. 이것을 먼저 해석하고 옆에 따로 둔다. 나머지 카드들은 한 장씩 공개한다. 필자는 이 한 장씩 펼쳐보는 테크닉이 신화라는 서사극에 잘 어울린다고 생각한다.

6 신화: 지금도 영향을 미치고 있는 개인 신화가 만들어진 그 순간, 그 기억을 보여준다.

1 아틀란티스: 낭만이 제거된 기억, 즉 실체를 보여준다.

2 장점: 내가 보지 못한 그때의 진짜 강점이나 이득을 보여준다.

개인 신화 스프레드

3 단점: 내가 잊고 있었던 그때의 취약점이다.

4 침수: 이것이 그 시기를 끝냈다고 믿고 있다.

5 유적: 현재 삶으로 가져올 수 있는 것

내 삶의 영웅 스프레드

신화에서 흥미롭고 특별한 의미를 찾듯이 영웅들한테서도 그런 것을 찾을 수 있다. 켈트족, 이집트인, 아메리카 원주민, 인도인… 그들 이야기에는 삶과 죽음 등 인간 경험과 관련한 지혜와 흥미로운 질문이 많다.

그리스 사회에서 신들은 칭송을 받는 만큼 존경받는 것은 아니었다. 그리스인들에게 세상은 이해 가능한 합리적인 곳이었다. 그럼에도 모든 운명을 관장하는 운명의 신 모이라이Moirae가 있었고, 제우스의 운명까지 관장했다.

이 스프레드는 우리 삶을 이해하기 위해 그리스 신화의 주요 신들에 의지한다. 여섯 신들이 개인의 올림포스산에 둘러 앉아 그의 삶의 여러 측면에 대해 조언한다. 그리고 그 한가운데에 모이라이가 있다. 그는 리딩이 끝날 때까지 조용히 앉아 있다가 마지막에 특별한 메시지를 전한다.

1 제우스: 신들의 아버지다. 그의 의지가 그리스인들의 생각을 만들었다. 의지와 결단이 현재 자신의 삶에서 어떤 역할을 하는지 보여준다.

2 헤라: 세상의 가모장이자 여성적 힘이다. 감수성과 직관이 현재

내 삶의 영웅 스프레드

자신의 삶에서 어떤 역할을 하는지 보여준다.

3 아테나: 제우스의 딸로 지혜와 지성의 여신이다. 숙고하고 신중을 기하는 계획이 자신의 삶에서 어떤 역할을 하는지 보여준다.

4 디오니소스: 제우스의 아들로 술과 쾌락의 신이다. 감각적 즐거움, 낙천적 탐닉, 순수한 기쁨 등이 자신의 삶에서 어떤 역할을 하는지 보여준다.

5 에로스: 아프로디테의 아들로 깊고 영원한 유대감으로 연결되는 정신적 사랑의 신이다. 진한 우정과 가족이 자신의 삶에서 어떤 역할을 하는지 보여준다.

6 아프로디테: 제우스의 딸로 사랑과 아름다움의 여신이다. 오랫동안 사랑으로 맺어진 관계가(특히 연애) 자신의 삶에서 어떤 역할을 하는지 보여준다.

7 모이라이: 모이라이는 운명을 관장하는 세 여신이다. 이 카드는 인생의 남은 기간을 알려주는 것이 아니라, 어떻게 참된 삶을 살지에 대해 특별한 메시지를 전한다.

이 스프레드는 자기 삶의 가치와 우선순위를 확인할 수 있는 좋은 방법이다. 각 포지션에 배치된 "신"은 삶의 한 단면을 보여준다. 메이저 아르카나 카드가 나오는 곳은 특히 중요하니 더 주목한다. 포지션과 상충되는 카드가 나오는 곳도(가령 아프로디테 포지션에 소드가 나오는) 주목한다. 왜냐하면 특별한 문제가 있거나 균형이 깨질 수 있음을 암시한다. 조화를 이루는 곳도 주목한다. 아테나 포지션에 소드 카드가 있으면 자연스런 연합으로 특별한 힘을 보여준다. 전체적인 균형

매슬로의 위계 스프레드

을 살펴본다. 스프레드의 좌측은 의지, 지혜, 정신적 사랑 등 지적인 가치를 더 많이 보여주고, 우측은 직관, 열정, 사랑 등 감정적인 가치를 더 많이 보여준다.

매슬로의 위계 스프레드

매슬로Maslow(미국의 심리학자)는 인간 욕구를 다섯 가지 위계로 구분했다. 이 이론에 따르면 가장 아래 단계의 욕구가 충족(또는 거의 충족)되어야 그 위 단계에 관심을 갖는다. 단적으로, 굶주린 사람은 영적 성장보다는 먹을 것을 구하는 데 관심이 더 많다.

이 스프레드는 자신의 인간적 욕구가 어디쯤 있는지 알 수 있다. 긍정적인 카드는 욕구가 건전한 방식으로 충족되고 있음을 의미한다. 부정적인 카드는 욕구가 충족되지 않았거나 건전하지 못한 방식으로 충족되고 있음을 의미한다. 충족되지 않은 욕구를 확인함으로써 개인의 발전과 영적 성장을 도모할 수 있다.

1~5 생리적 욕구: 호흡, 음식, 물, 섹스, 잠, 거주지 등 기본 욕구

6~9 안전성 욕구: 일자리, 보호, 자원, 건강 등 안전 욕구

10~12 소속감 욕구: 우정, 가족, 친밀감 등 인간관계

13~14 자기 존중 욕구: 자신감, 성취감, 존중 등에서 얻는 자의식

15 자아실현 욕구: 잠재력의 실현과 성취, 영적 성장, 개인의 발전

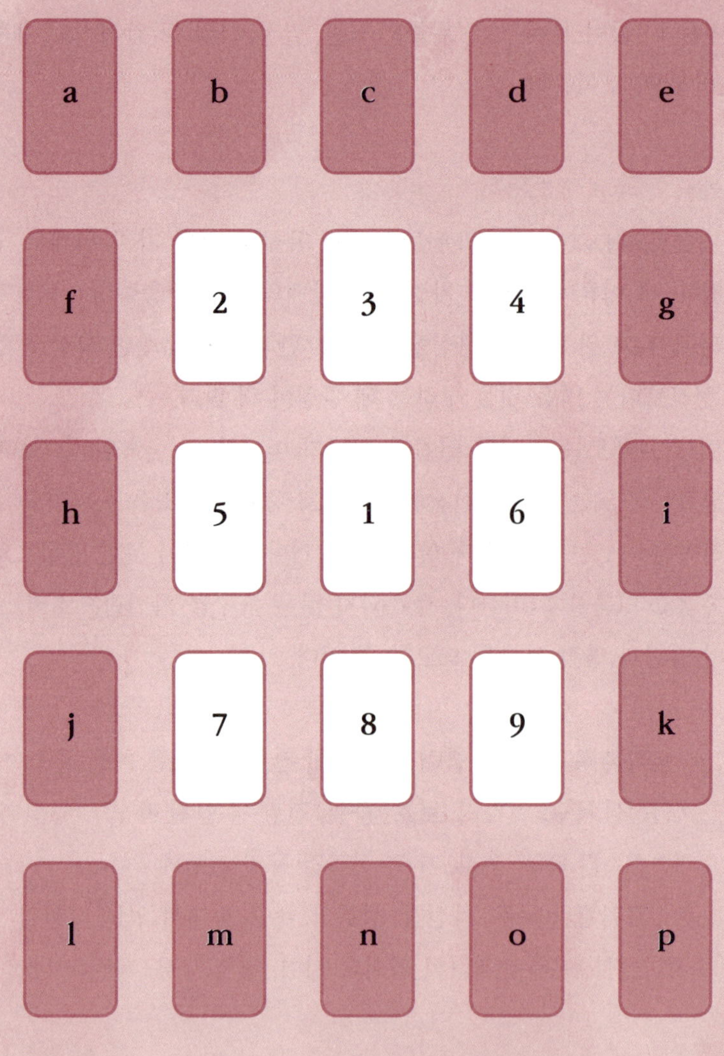

영적 조언자 스프레드

영적 조언자 스프레드

필자는 질문자에게 조언하는 실체를 "영적 조언자"라고 표현한다. 질문자는 그 실체를 천상의 마스터, 천사, 선조, 신성한 동물, 인도자 등으로 간주할 수 있다.

영적 조언자를 별개의 실체나 자신의 일부분으로 생각할 수도 있다. 이 스프레드는 직관적으로 리딩해야 한다. 포지션 의미 대신 유연하고 쉬운 가이드라인이 있다(아래 참조). 이 가이드라인으로 질문자의 영적 조언자가 전하는 메시지가 무엇인지 판단한다.

먼저 카드 1~9를 배치하고 해석한다. 거기서 무엇을 알게 되었는지에 따라 추가 카드가 필요 없을 수도 있다. 카드 1~9는 평소대로 셔플하고 배치한다. 항상 카드 1은 질문자가 영적 조언자를 대하는 기대(또는 태도)가 담긴 마음 상태다.

카드 2~9를 해석하는 가이드라인

- 메이저 아르카나 카드나 코트 카드가 영적 조언자를 나타낸다. 직관에 따라 그게 어떤 것인지 판단한다.
- 마이너 아르카나 카드는 질문자와 조언자의 관계, 조언자가 바라는 것, 그와의 상호 작용 방식, 조언자에게 요청한 특정 질문에 대한 대답 등을 보여줄 수 있다.
- 조언자를 잘 나타내는 카드가 조언자와 관련이 깊다. 강조하지만 이 스프레드 해석에는 직관이 중요한 역할을 한다.

카드 2~9에서 영적 조언자가 보이지 않으면 카드 a~p를 배치하고

1

2   3   4

영적 조언자 추가 정보 스프레드

나서 앞의 방식대로 해석한다. 이때 크게 달라지는 것은 카드 2~9를 질문자가 완료해야 할 영적인 작업이나 조언자와 소통하기 전에 극복해야 할 간섭으로 해석한다는 것이다.

카드 a~p에도 조언자가 나타나지 않으면 조언자를 식별하거나 접촉하기 전에 간섭을 제거하는 영적인 작업이 많다는 걸 의미한다. 이 영역에서 질문자가 취할 몇 가지 행동 단계를 정할 수 있게 돕고, 시간이 지난 후에 후속 리딩을 할 것을 조언한다.

영적 조언자 추가 정보 스프레드

리딩에서 조언자가 나타나고 추가 정보를 원할 경우 이 스프레드로 진행한다. 포지션 1에 조언자를 나타내는 카드를 놓는다. 카드 2~4가 대답 또는 조언한다. 조언자에 대한 더 많은 정보, 조언자가 질문자에게 바라는 함께 일하는 방식, 특정 질문에 대한 조언자의 구체적인 대답을 판단할 때 유용하다. 조언자가 둘 이상 존재할 경우 각각에 대해 별도의 보조 리딩을 할 수 있다.

변형: 필자는 세상을 떠난 이의 영혼을 리딩하는 데 이 스프레드로 성공한 적이 있다. 어떤 이의 영혼과 접촉하기 위해 이 스프레드를 사용할 때 위에서 설명한 대로 배치한다. 코트 카드나 메이저 카드가 한 장 있으면 그 카드를 자신이 찾는 그 사람으로 간주한다. 두 장 이상이면 카드 의미를 토대로 그가 살면서 보여줬던 개성이나 특징이 잘 나타나는 카드를 그로 정한다. 한 장도 없다면 그에게는 지금 연결되고 싶은 의지가 없는 것으로 간주한다.

1	2	
3	4	5

명상하기 스프레드

명상하기 스프레드

이 스프레드는 편안한 방식으로 시각 명상(시각적 요소를 이용하여 거기에 집중하는 명상법. 옮긴이)을 할 수 있게 돕는다. 타로를 이용해 명상하는 것은 지금 자신에게 가장 필요한 명상을 할 수 있게 우주에 요청하는 것이다.

덱을 메이저, 마이너, 코트 카드로 분류한다. 아래 설명에 따라 카드를 뽑는다. 이 스프레드는 전통적인 리딩 방식으로 해석하는 대신 명상을 위한 개요로 사용한다.

분류한 덱은 각각 셔플해서 서로 섞이지 않게 주의한다. 각 무더기에서 카드를 뽑는다. 주제는 명상하면서 만들어낼 이야기의 골자다. 별은 이 이야기를 경험하는 주인공이다. 나머지 세 장은 이야기의 주요 전환점이 될 시작, 중반, 끝을 보여준다. 이는 주인공이 경험하는 주제를 배우는 방식이다.

1 명상의 주제 또는 이야기: 메이저 아르카나에서 뽑는다.
2 명상의 별 또는 주인공: 코트 카드에서 뽑는다.

다음 세 장은 마이너 아르카나에서 뽑는다.

3 명상 줄거리: 이야기의 시작
4 명상 줄거리: 이야기의 중반
5 명상 줄거리: 이야기의 끝

선언문 만들기 스프레드

변형: 명상을 통해 특정 코트 카드나 메이저 아르카나를 탐색하고 싶을 때 무작위로 뽑는 대신 탐색하려는 카드를 선택한다.

선언문 만들기 스프레드

비즈니스에는 비전이나 사훈이 있다. 그런 선언문이 비즈니스를 할 때 중심축이 되어준다. 어떤 사람들이, 무슨 일을, 어떤 목표로 하는지 명확하게 드러나기 때문이다. 최근 자기 선언문 만들기가 인기를 끌고 있다. 개인도 비즈니스처럼 명시화될 수 있다. 다방면으로 사용 가능한 스프레드다. 일상생활, 비즈니스, 삶의 한 영역, 진행 중인 특정 프로젝트 등에 필요한 선언문을 만들 수 있다.

1 나는 누구인가
2 나는 무슨 일을 하는가
3 그 일을 어떻게 하는가
4 그 일을 누구에게 제공하는가
5 그들은 어떤 혜택을 받는가

중앙에 있는 카드 1은 당연히 자기 자신이다. 모든 것이 여기서 나온다. 스프레드를 해석할 때 이 점을 염두에 둔다. 카드 2~5 해석은 카드 1과 관련지어 해석한다.

변형: 이미 비전이나 사훈이 있다면 그것을 타로의 지혜로 살펴볼 수 있다. 현 사훈을 가장 잘 나타내는 카드를 선택해 포지션 1에

놓는다. 어떤 리딩이든 마찬가지지만 해석할 때 카드들 관계에
주의를 기울인다. 카드 2~5는 1과 어떤 관련이 있는가? 카드들
이 서로 사연스럽게 협력해 강화되는가? 그렇지 않다면 어떤 변
화를 줄 수 있는가?

4장
모든 스프레드에 추가할 수 있는 테크닉

이 장에서 이야기할 테크닉은 스프레드와 리딩에 포함시킬 옵션이나 부수 장치 같은 것이다. 알다시피 타로에 규칙 같은 것은 없다. 단한 가지 예외 사항은 자신이 하는 행동에는 자신의 믿음이 반영된다는 것이다. 그러니 창의적으로 생각하라! 카드와 함께 놀아라. 실험하라. 어떤 흥미로운 가능성들이 보이는지 확인하라.

소개할 테크닉들은 카드와 재미있게 작업하고 창의적으로 사용하는 방법 그 이상이다. 리딩을 하다보면 에너지가 정체될 때가 있다. 무언가 잘 흘러간다는 느낌이 없고, 자신과 질문자 또는 자신과 신성 사이의 통로가 막혀 있는 것 같고, 자신이 그 구역에 없는 느낌 등이 들 때가 있다. 이런 일은 우리 삶에도 일어난다. 이때 작은 변화 하나가 삶의 에너지를 활성화시키고 흐를 수 있게 돕는다. 필자의 한 심리학 교수는 한 가지 루틴만 깨뜨려도 관계에 새로운 열정과 흥분을 불러온다고 했다. 리딩이 불안정하다면 자신만의 도구 상자에서 테크닉 하나를 꺼내 무슨 일이 일어나는지 확인해본다. 일반적으로 타로 작업에 활력이 필요할 때 새로운 덱을 사용하면 마법의 힘은 확실히 다시 빛을 발휘한다.

영감이 필요할 때 다음 방법들을 시도해본다. 덱을 분류해서 특정 포지션에 코트 카드나 메이저 아르카나만 배치하면 어떤 일이 일어나는가? 메이저 카드만 사용한다면 어떤 스프레드가 좋은가? 타로 작업에서 카드 앞면을 위로 향하게 할 때와 아래로 향하게 할 때 결과나 해석이 달라지는가? 시그니피케이터를 포함한 리딩 방식이 해석을 강화하는가? 덱을 앞면을 위로 향하게 해서 의식적으로 카드를 골라 특정 포지션에 배치하면 리딩에 어떤 이득이나 영향을 주는가?

"잘하자", "책에 쓰인 대로 하자"라는 생각을 내려놓는다. 그러면 오히려 테크닉을 만들 정도로 자유로워진다. 실수할까봐 걱정하지 마라. 몇 년 전 열린 콘퍼런스의 한 워크숍에서 메리 K. 그리어 옆에 앉은 것은 필자에게 행운이었다. 콘퍼런스가 시작되길 기다리는 동안 메리는 자신의 덱을 가지고 놀았다. 리딩은 아니고 단지 카드로 세로줄 몇 개를 만들었다. 그녀는 어떤 패턴을 알아차린 듯 혼잣말을 했다. "흠, 재미있어지겠는데?" 그녀는 카드를 이리저리 이동해 패턴을 더 만들어냈다. 그녀가 무슨 생각을 하는지 알 수 없었지만, 어떤 생각이 떠올랐다는 것은 짐작할 수 있었다. 짧은 시간에 카드만 갖고 놀았을 뿐인데 그녀는 놀라운 통찰을 하고 있었다. 누구나 그렇게 할 수 있다. 카드를 셔플하고 나서 무슨 일이 일어나는지 보라.

필자가 사용하는 테크닉을 소개하고자 한다. 매번 사용하는 것은 아니고, 또 한 번에 두 가지 이상 사용하지 않는다. 에너지 흐름을 활성화하려는 북돋움이지 혼란을 야기하려는 것이 아님을 기억하자. 그

   4장 모든 스프레드에 추가할 수 있는 테크닉

저 카드를 가지고 놀다가 "발견"한 것도 있고 타로 리더, 선생, 작가들의 작업에서 영감을 받은 것도 있다. 필자는 이런 테크닉들이 스프레드를 더 멋지게 장식하는 액세서리 같다. 필자가 공개하는 보석함을 마음껏 들여다보기 바란다. 즐겁게!

카드 무더기

포지션에 한 장의 카드가 아닌 소량의 무더기를(앞면을 아래로 향하게 해서) 배치한다. 맨 위 카드를 뒤집어 평소대로 리딩한다. 설명이나 정보가 더 필요하면 그 무더기에서 카드를 뽑는다. 현재 "드러나지 않은 것", "간과한 것" 등이 궁금하면 맨 아래 있는 카드를 살펴본다.

변형: 무더기를 이용하는 또 다른 방법은 파헤쳐보는 것이다. 유용한데 "숨어 있는" 에너지, 즉 존재하나 눈에 띄지 않아 사용하지 못하는 에너지를 살펴본다.

짝과 3개조

카드를 많이 쓰는 스타일의 타로 리더라면 이 테크닉을 모든 스프레드에 활용할 수 있다. 너무 간단한 테크닉이라 사실 리딩 스타일에 구애받지 않는다. 스프레드를 세부적이고 집중적으로 살펴볼 수 있게 도와준다.

어떤 스프레드를 사용하든지 각 포지션에 두세 장의 카드를 배치하고 시작한다. 카드를 짝으로 리딩할시 3개조로 리딩할지 먼저 정한다.

이미 리딩을 시작했는데 중간에 모든 게 모호하게 느껴지면, 각 포지션에 카드를 한두 장씩 추가해서 리딩을 다시 시작한다.

두 배의 통찰

많은 수집가들이 "어둠의" 덱을 갖고 있다. 필자도 「보헤미안 고딕 타로Bohemian Gothic Tarot」 「디비언트 문 타로Deviant Moon Tarot」 「다크 엔젤 타로Dark Angels Tarot」 등을 갖고 있다. 이 덱들이 지닌 예술성과 창의적으로 표현된 원형 이미지를 좋아하지만 리딩용으로는 적합하지 않다. 그럼에도 활용하고 싶었다. 필자는 그런 덱의 강점을 활용하기로 했다. 원형 이미지의 어두운 면을 살펴보는 것이다.

필자는 가능성의 영역을 넓히고 싶을 때 그런 덱을 이용한다. 각 포지션에 평소 사용하는 덱을 배치하고 나서 그 카드들 옆에 "어둠의" 덱을 셔플한 후 배치한다. 일종의 그림자 리딩을 할 수 있다.

"어둠의" 덱만 쓸 수 있는 것은 아니다. 지나치게 긍정적인 솜털처럼 부드러운 덱도 이용할 수 있다. 자신의 성향과 상반된 덱을 사용한다 해도 솔직하고 열린 마음이면 흥미로운 결과를 얻을 수 있다. 카드에 대해 왈가왈부하거나 비웃으려 한다면 시간 낭비일 뿐이다.

누 가지 덱을 동시에 사용하는 또 다른 방법은 상징 리딩과 직관 리딩에 각각 잘 어울리는 덱을 선택하는 것이다. 또는 늘 사용하는 덱과 잘 모르는 덱을 같이 사용하는 것도 좋다.

변형: 두 번째 덱을 셔플하고 나서 무작위로 카드를 뽑는 대신, 첫 번째 덱에서 배치된 카드와 비슷한 카드를 골라 배치한다.

초점 전환

스프레드에는 질문자의 이상, 주요 쟁점, 태도, 목표 등을 의미하는 포지션이 있다. 그 카드로 질문자가 향하고 있는 곳을 알 수 있다. 리딩에서 그 카드는 질문자의 완벽한 통제 하에 있다. 따라서 쉽게 바꿀 수 있다. 그 카드가 결국 질문자의 태도이자 판단이기 때문이다.

그 카드가 해당 포지션에 전혀 어울리지 않거나 질문자가 리딩 결과에 만족해하지 않을 때, 필자는 질문자가 초점을 전환할 수 있게 돕는다. 즉 그들의 잠재적 미래를 바꾸는 작업을 좋아한다. 이 테크닉을 사용하려면 질문자가 카드를 가지고 노는 것을 두려워하지 않아야 한다. 질문자에게 그의 현재 에너지를 보여주는 카드에 대해 설명한다. 그에게 덱을 건네 카드를 살펴보게 하면서 자신의 새로운 태도를 나타낼 만한 카드를 고르라고 한다. 어떤 카드든 선택할 수 있다. 이미 탁자에 있는 카드도 선택할 수 있다고 말한다.

질문자가 자신의 새로운 태도를 선택하고 나면 어떤 점에서 매력적이고 이롭다고 생각하는지 물어본다. 이전 카드와 어떤 차이가 있는가? 이전 카드에서 새로운 카드로 바뀌려면 어떤 계획이 필요한가? 새로운 카드가 포함된 스프레드를 다시 보면서 그 카드의 존재가 현 상황을 어떻게 바꾸는지 살펴본다.

카드 이동

카드 이동은 카드 간의 연결과 관계를 파악하는 훌륭한 테크닉이다. 카드들의 상호 작용을 더 쉽게 알 수 있다. 단순히 한 카드에서 다른 카드로 시선을 옮기는 것뿐 아니라, 카드를 직접 이동시키는 방법도 시도해본다. 카드 이동만으로로 상황을 보는 자신의 시각이 바뀌는 것에 놀랄 것이다. 물론 그리 놀라지 않는 사람들도 있다. 카드 이동은 말 그대로 전경을 바꾸는 작업이니까. 타로는 시각 매체다. 따라서 어떤 것을 보느냐만큼 이미지를 어떻게 연관시키느냐도 중요하다.

필자는 켈틱 크로스 스프레드에서(50쪽) 카드 4, 6, 10을 같이 살펴보는 것을 좋아한다. 이들 정보가 모여 가능성 높은 결과를 알려주기 때문이다. 포지션 의미가 각각 의도, 곧 일어날 일, 장기적 결과다. 카드 4에서 의도하는 에너지가 카드 6에서 어떻게 실현되는지 보는 것도 흥미롭다. 그리고 카드 10으로 어떻게 발전하는지도 주목해서 본다. 말편자 스프레드를 수정해(183쪽 참조) 중앙 카드를 아래로 이동시켜 짝 대신 3개조로 만들 수 있다.

이동 테크닉은 시그니피케이터 활용도를 높인다. 평소대로 시그니

 4장 모든 스프레드에 추가할 수 있는 테크닉

피케이터를 선택해 탁자 위에 놓고 나서 셔플하고 카드를 배치한다. 각 카드를 해석할 때 시그니피케이터를 이동해 짝으로 리딩한다. 시그니피케이터가 각 카드에 어떤 영향을 주는지, 각 포지션에서 어떻게 느끼고 행동하는지 관찰하는 것은 늘 흥미롭다.

여러분도 다음 리딩에서 한두 장의 카드를 이동해보자. 내키지 않으면 언제든 바로 되돌릴 수 있다.

이중 비전

조지핀 엘러쇼Josephine Ellershaw는 『쉬운 타로Easy Tarot』에서 두 개의 덱과 두 가지 스프레드로 리딩하는 복합 방식을 소개한다. 이때 인생 스프레드와 닻 스프레드를 사용한나. 닻 스프레드는 한 덱에서 메이저 아르카나만 사용하고, 인생 스프레드는 또 다른 덱 전부를 사용한다. 같은 덱을 사용하는 것이 이상적이라고 그녀는 조언한다. 필자는 그 말을 확인하기 위해 두 가지 방식을 모두 해보고 놀랐다. 그래서 그녀의 의견에 동의한다. 두 개의 덱을 두 가지 스프레드로 배치한 후 양쪽에 모두 나타나는 카드를 찾아 리딩한다. 덱이 달라도 '여제The Empress' 카드가 모두 있는지 확인할 수 있다. 하지만 같은 카드가 양측 포지션에 보이면 시각적으로도 놀라고 심리적으로도 더 중요하게 와닿는다.

같은 덱을 두 가지 버전으로 가지고 있다면, 가령 오리지널 라이더와 골든 라이더를 갖고 있다면 이 둘을 사용해도 괜찮다.(오리지널 라이

더: 아서 에드워드 웨이트와 삽화가인 패멀라 콜먼 스미스가 만든 라이더 웨이트 덱을 말한다. 현재까지도 가장 인기 많은 덱이며, 이후 많은 창작자들에 의해 여러 버전이 나왔나. | 골든 라이더: 오리지널 그림에 색상이 대담하게 칠해져 있다. 프랑스 화가 프랑수아 타페르누Francois Tapernoux가 창작했다. 옮긴이) 로 스카라베오 같은 일부 출판사에서는 덱을 미니 버전으로도 출간한다. 필자는 메이저 카드만 사용할 때는 미니 버전을, 덱 전체를 사용할 때는 풀 사이즈 버전을 사용한다.

과거, 현재, 미래가 들어 있는 모든 스프레드에서 이 테크닉을 쉽게 사용할 수 있다. 방법은 이렇다. 한 덱에서 메이저 카드만 분류해서 셔플한 뒤 과거, 현재, 미래의 주요 영향력을 보여줄 세 장의 카드를 탁자 맨 위에 배치한다. 또 다른 덱은 카드 전체를 셔플해서 평소대로 스프레드에 따라 배치한다. 반복되는 카드뿐 아니라 반복되는 숫자, 색깔, 상징, 평상시 활용하는 상응 등에도 주목한다.

필자는 바버라의 일반 스프레드(73쪽)에서 이 테크닉을 종종 활용한다. 한 덱에서 메이저 카드만 사용해 카드 1에 배치하고, 다른 덱에서 카드 전부를 사용해 나머지 포지션에 배치하는 방식이다.

질문자의 손

리딩할 때 보통 카드를 셔플하고 덱의 맨 위 카드부터 떼어 포지션에 배치한다. 이런 방식으로 타로(또는 아마도 운명)는 카드와 포지션까지 결정한다. 이 관행에 담긴 철학적 의미는 분명하다. 의식적으로든

    4장 모든 스프레드에 추가할 수 있는 테크닉

무의식적으로든 앞으로 일어날 미래라는 개념을 수용한다. 많은 리더들이 확정된 결과가 아닌 현재 존재하는 에너지를 리딩하는 것임을 강조한다. 질문자가 리더에게 받은 카드를 다루는 이 테크닉은 질문자가 현재 에너지를 잘 다룰 수 있다고 가정한다. 카드를 셔플하고 필요한 수만큼 질문자가 카드를 뽑게 한다(또는 위에서부터 필요한 수만큼 세어 질문자에게 건넨다). 그러고 나서 질문자가 원하는 포지션에 카드를 배치하고 리더는 그 카드들을 해석한다.

변형 1: 평소대로 리딩하고 나서 질문자가 카드를 재배치하게 한다. 질문자가 그렇게 바꾼 이유와 그 에너지로 전환하는 방법을 살펴본다. 현 상황의 틀을 제시하고 질문자가 그 현실에 참여할 수 있게 한다. 필자는 이 변형이 훌륭한 타로 리딩 방법과 닮아 있어 좋아한다.

변형 2: 카드 게임을 보면 플레이어들이 카드를 버리고 새로 뽑는다. 평소대로 리딩하고 나서 질문자에게 카드 한 장을 버리고 무작위로 다른 카드를 뽑아 대체하게 한다. 선택된 새로운 카드와 그 카드의 느낌에 대해 의견을 나눈다.

변형 2a: 질문자가 카드 한 장을 버리고 그 자리를 대체할 카드를 덱을 보면서 고르게 한다. 그 선택과 그로 인한 변화가 나타나게 할 방법에 대해 의견을 나눈다.

변형 3: 이 변형은 직관적인 리더들에게 매력적일 것이다. 필자는 포지션 의미 없이 다섯 장의 카드를 배치해 하나의 이야기로 리딩할 때 이 테크닉을 활용한다. 이 테크닉은 리더가 다섯 장의 카드를 뽑아 카드 게임하듯 손에 펼쳐 쥔다. 오로지 자신의 직관이나 심령적인 의향에 따라 손에서 정렬시키고 난 후 이것을 탁자 위에 내려놓고 해석한다.

변형 4: 카드 앞면을 아래로 향하게 하는 것 말고는 평소대로 카드를 셔플하고 스프레드에 따라 배치한다. 그러고 나서 포지션 수만큼 카드를 질문자에게 건넨다. 질문자는 건네받은 카드들을 보면서 엎어져 있는 카드들 옆에 원하는 대로 놓는다. 카드를 뒤집으면서 각 포지션에 두 장씩 있는 카드를 짝으로 리딩한다. 해석이 끝나고 질문자가 원하면 카드를 이동하게 한다. 보이는 상태에서 카드 배치를 바꾸는 것이 리딩에 어떤 변화를 주는지 주목한다.

변형 5: 자신의 삶에 매우 적극적이고 카드에 대해 잘 알거나, 카드를 보는 것이 두렵지 않은 사람에게 매우 강력한 실전 테크닉이다. 변형 4를 마치고 나서 질문자가 결과에 여전히 만족해하지 않으면, 덱을 보면서 원하는 카드를 골라 원하는 곳에 배치하게 한다. 질문자가 만족할 때까지 여러 번 반복한다. 선택 이유를 설명해 달라고 한다. 타로나 초자연에 관한 모든 지식을 공유한다. 최종 리딩을 행동 계획의 토대로 삼는다.

 4장 모든 스프레드에 추가할 수 있는 테크닉

돌려놓기

역방향 카드를 리딩할 때, 특히 역방향을 막힌 에너지로 리딩한다면 이 테크닉으로 막힌 걸 배출할 수 있다. 첫 번째 방법은 간단하다. 카드를 거꾸로 돌려놓는 것이다. 그 다음 카드도 거꾸로 돌려놓는다(역방향 카드는 정방향으로 정방향 카드는 역방향으로). 막히기 전에 에너지를 바꿈으로써 그것을 약화시키거나 없앨 수 있다는 것이 이 테크닉의 논리다. 그 "다음" 카드는 자신의 상식선에서 선택한다. 거꾸로 돌려놓은 카드와 가장 관련 있어 보이는 카드를 선택한다. 바뀐 카드의 의미를 반영해 다시 해석한다.

예를 들면, 과거-현재-미래를 리딩하는 데 미래 카드가 역방향이 나왔고 그것이 정방향이기를 원하면 거꾸로 돌려놓는다. 그 다음 카드로 현재 포지션 카드를 거꾸로 돌려놓는다.

두 번째 방법도 간단하다. 이 역시 역방향이 막혀 있는 에너지라고 간주하는 것에 근거한다. 역방향 카드를 찾아 그 숫자에 주목한다. 그리고 바로 앞의 카드를 찾는다(가령 '전차'면 '연인', '4 완드'면 '3 완드', '나이트 펜타클'이면 '페이지 펜타클' 등). 역방향 카드는 그 앞의 카드 에너지가 충분히 표현 또는 실현되지 않아서 막힌 것이다. 따라서 앞의 카드를 리딩에 포함시킨다. 이를 통해 질문자가 그 에너지를 충분히 표현해 막힌 곳을 뚫을 수 있는 방법을 강구할 수 있도록 돕는다.

부문별 리더

이 테크닉은 모든 스프레드에 세 가지 차원을 자동 생성시킨다. 덱을 메이저 아르카나, 마이너 아르카나, 코트 카드로 분류한다. 각각 셔플하고 나서 각 포지션에 메이저 카드 한 장, 이어서 마이너 카드 한 장, 끝으로 코트 카드 한 장씩 배치한다. 각 포지션에 세 장의 카드가 있는 셈이다. 메이저 카드는 가장 강한 영향력 또는 주요 주제를 보여준다. 마이너 카드는 무슨 일이 있었는지 또는 무슨 일이 있을지 보여준다. 코트 카드는 마이너 카드에서 보여준 그 일이 어떤 방식으로 실행되었거나 실행될지 보여준다.

산술식

타로 리딩과 방정식의 공통점을 아는가? 둘 다 결과로 가는 일련의 항목들이 있다. 리딩의 경우 한쪽에는 카드, 다른 한쪽에는 결과 또는 가능성 높은 미래가 있다. 방정식은 숫자, 변수, 연산 등이 있고 그 끝에는 등호가 자리한다. 방정식을 바꾸려면 양변에 동일한 작업을 수행해야 한다. 한 변에 5를 더하면 다른 변에도 5를 더해야 한다.

리딩을 그런 방식으로 할 수 있다. 즉 등호 한쪽(결과 카드)의 내용을 바꿔 다른 한쪽의 내용을 바꿀 수 있다. 그러려면 한쪽씩 변수가 될 카드를 추가한다. 질문자가 취할 수 있는 행동을 나타내는 카드를 추가하고, 결과에도 다른 카드를 추가해 두 카드를 짝으로 리딩한다.

     4장 모든 스프레드에 추가할 수 있는 테크닉

복층

필자의 스프레드 디자인 워크숍에서 한 무리의 학생들이 투명 덱(에밀리 카딩Emily Carding의 「투명 타로The Transparent Tarot」 같은)을 이용한 매우 창의적인 테크닉을 제안했다. 투명 덱은 투명 플라스틱에 인쇄된 카드로 여러 장을 겹쳐 한 장의 "카드"로 만들 수 있다.

그 학생들은 투명 덱만 사용하는 것이 아니라 투명 덱을 포함한 둘 이상의 덱을 리딩에 활용했다. 일반 덱을 먼저 사용하고 그 위에 투명 카드를 겹친다. 이를 통해 숨겨진 에너지나 영향력 또는 질문자에게 도움을 줄 수 있는 정보가 드러난다.

대단원의 막

부케 스프레드(122쪽)와 그 사람 스프레드(117쪽)에서 마지막 카드는 앞의 카드들 해석이 모두 끝나고 나중에 뒤집어보는 테크닉을 이용한다. 필자는 많은 리딩에서 이 테크닉을 추가한다. 특히 관계 문제를 다룰 때, 사실상 관계가 끝났는데 질문자가 이를 받아들이지 못할 때 이용한다. 스프레드 작업을 마치고 카드에 대한 이야기를 나누다보면 질문자가 필자의 말을 들으려 하지 않는(또는 듣기 싫어 하는) 것이 확실해질 때가 있다.

리딩하면서 그런 지점이 올 때 필자는 카드 앞면을 아래로 향하게 해서 펼치고 질문자에게 한 장 뽑으라고 말한다. 대부분 카드를 뽑고는 본인이 알아서 그 카드를 해석하곤 한다. 특이한 점은 카드와 상관없이 "그는 돌아오지 않을 거야"라고 말하고 한숨을 쉰다. 어쨌든 리딩을 끝내는 강력한 방법이다. 리딩에 사용한 덱을 그대로 써도 된다. 아니면 심리적, 은유적 효과를 높이기 위해 해석하기 쉬운 이미지의 다른 덱을 사용한다. 연상하기 쉬운 명확한 이미지들은 질문자가 즉각적으로 반응한다.

설명 카드

사람들이 처음 타로를 배울 때 카드 해석이 어려우면 "설명" 카드(이미 뽑은 카드 의미가 모호해 더 자세한 설명을 얻기 위해 추가로 뽑는 카드. 옮긴이)를 배치할 것을 권유받곤 한다. 필자는 설명 카드 사용을 반대하지 않지만 초심자에게는 도움이 되지 않는다고 생각한다. 그들은 쉽게 좌절하기 때문에 더 많은 설명 카드를 뽑으려 할 것이다. 심지어 리딩을 중단하고 처음부터 다시 하려고 한다. 상충되는 메시지라 생각되면 타로가 "사실"을 알려주지 않는다고 생각하거나 자신에게 재능이 없다고 여기고 바로 포기하는 것 같다. 초심자에게는 배치된 카드들이 이해될 때까지 충실하게 붙들고 있으라고 격려하는 편이 도움이 된다. 그렇게 깊이 파고들 수 있어야 한다. 인내심이 있으면 카드를 이해할 수 있다.

그동안 설명 카드를 자주 사용했다면 자신의 스타일이 단독 카드보다는 짝(또는 3개조)으로 리딩하는 것이 더 적합하다는 신호일 것이

     4장 모든 스프레드에 추가할 수 있는 테크닉

다. 이런 경우 앞에서 언급한 짝과 3개조 테크닉을 활용한다. 모든 포지션에 두 장(또는 세 장)의 카드를 배치한다. 그러면 자연스럽고 쉽게 리딩이 흘러갈 수 있다. 자신의 스타일을 알 때 사용하는 모든 스프레드를 수정하기가 쉽다.

보너스 팁

덱을 슈트별로 사용하는 스프레드를 선호하면 한두 가지 덱을 미리 분류해 보관한다. 실제 작업할 때 시간을 줄일 수 있다. 작업장, 박람회, 이벤트 등에서 리딩할 때 자신이 원하는 스프레드나 테크닉을 바로바로 쓸 수 있다. 이런 테크닉들이 모이면 훌륭한 출발점이 된다. 시도해보라. 그리고 자신에게 맞는 것을 찾아라. 필요에 따라 바꾸고 적용하라. 필자가 타로를 배우면서 알게 된 것은 무엇을 배우든 적용해야 자신의 것이 된다는 것이다. 그렇게 하지 않으면 영원히 다른 사람의 것이다. 타로가 우리에게 요구하는 최소한의 것은 진실하라는 것이다. 다음 장에 나오는 스프레드가 이 이야기를 잘 설명해줄 것이다.

스프레드를 수정하는 방법

누구나 스프레드를 디자인할 수 있다. 특별한 기술이나 신비한 재능이 필요한 것이 아니다. 약간의 가이드라인은 필요하다. 그것은 다음 장에 소개한다. 바로 본론으로 들어가는 대신 기존 스프레드를 수정하는 작업부터 해보자. 기존 스프레드를 필요에 맞게 수정하는 작업을 거치고 나면 직접 디자인하는 작업은 쉬워질 것이다.

이미 훌륭한 스프레드도 많고 그 중에는 매우 만족스러운 것도 있을 것이다. 하지만 이런저런 이유로 완벽하지 않을 수 있다. 독특한 요구 사항이 반영되지 않거나 완벽하지 않은 스프레드를 다룰 때 가장 일반적인 방법은 새로운 스프레드를 만들기보다 기존 스프레드를 수정해 사용하는 것이다. 바퀴가 있는데 바퀴를 다시 발명할 이유가 있을까? 이미 해결된 문제에 대해서는 시간을 낭비할 필요가 없다.

기존 스프레드를 바꾸는(가령 포지션 의미나 순서를 바꾸는) 모든 것이 스프레드 수정에 해당한다. 혹자는 스프레드를 수정하면 더 이상 같은 스프레드가 아니기 때문에 완전히 새로운 것이라고 주장한다. 하지만 전체를 뜯어고치지 않는 한 완전히 새롭다고 할 수 없다. 따라서 스프레드를 수정한다는 말은 자신의 필요, 신념, 리딩 스타일에 맞춰 기존 스프레드를 조금 바꾸는 것을 의미한다.

두 예시를 통해 스프레드를 어떻게 수정하는지 살펴볼 것이다. 그 전에 염두에 둘 것이 있다. 스프레드를 사용하려 할 때 그것을 사용하는 목적을 검토하고, 포지션과 레이아웃을 확인하고, 스프레드가 목적에 효과적으로 도달하게끔 디자인되었는지 살펴본다. 그리고 자신의 스타일에 맞는지 판단한다. "자신"에게 더 나은 스프레드로 바꾸려면 무엇을 바꿔야 할까?

수정 사항

초점: 해당 스프레드의 일반적인 목적을 현재 필요한 목적에 맞춰 바꿀 수 있는가?

포지션 의미: 모든 포지션이 자신이 하려는 질문에 어울리는가? 얻으려는 대답의 면면을 잘 보여주는가? 필요하면 포지션을 추가하거나 뺄 수 있는가?

레이아웃: 레이아웃이 이해가 되는가? 포지션과 잘 어울리는가? 카드 해석이 쉽게 되는가? 더 효과적인 리딩을 위해 어떻게 바꿀 수 있는가?

카드 개수: 자신의 스타일에 비해 카드가 너무 많거나 너무 적은가? 너무 적다면 포지션을 한두 개 추가해도 괜찮은가? 너무 많다면 리딩에 해가 되지 않는 선에서 포지션을 합치거나 뺄 수 있는가?

테크닉: 리딩이 더 효과적이고, 더 생생하고, 더 유용하려면 어떤 테

1 과거
2 현재
3 미래
4 질문자
5 다른 정보
6 도전
7 가능한 결과

말편자 스프레드

크닉을 쓸 수 있는가?

말편자 스프레드 수정하기

고전 스프레드 중 가장 인기 있는 말편자 스프레드를 수정해보려 한다. 시간이 흐르면서 필자는 이 스프레드에서 약간의 흠결을 발견했고 이에 필자의 논리대로 수정해 사용한다. 지금은 좋아하는 스프레드 중 하나다. 기존 스프레드를 어떻게 자신의 필요에 따라 바꾸는지 보자. 고전 스프레드는 수정 버전이 많다. 따라서 기존 형태를 아는 사람이 드물다. 필자가 배운 형태는 다음과 같다.

포지션 의미를 보면 질문자의 일반적인 인생 개요나 세부 상황을 파악하는 리딩에도 사용할 수 있다는 걸 알 수 있다.

카드 4가 정중앙에 다른 카드와 떨어져 단독 배치되어 중요하다는 걸 강조하고 있다. 그러므로 이 카드가 보여주는 질문자의 입장이나 태도나 영향력이 이 리딩에서 중요하다.

두 세로 선형이 대칭으로 리딩의 양 축을 구성하고 있다. 둘 다 중요한 비중으로 같이 작용하면서 카드 4를 받치고 있음을 볼 수 있다. 두 세로 선형은 각각 또 다른 스몰 스프레드로도 볼 수 있다고 생각했다. 전반적으로 훌륭한 스프레드로 보였다. 그럼에도 무엇이 흠결로 느껴졌을까?

순서를 보면 왼쪽 맨 아래에서부터 과거를 의미하는 카드 1이 시작된다. 이어지는 카드 중 일부만이 시간을 의미한다. 배치 순서에 따

1

2   3

4   5

6   7

1 질문자
2 과거
3 다른 정보
4 현재
5 도전
6 미래
7 가능한 결과

말편자 스프레드 수정 버전

른 번호가 카드들의 자연스러운 연결을 강화하지 못하고 있다.

카드 1, 즉 과거 맞은편에 결과를 보여주는 카드 7이 있다. 대칭으로 짝을 이루지만 필자에게 그 짝 구성은 의미가 없어 보였다. 필자는 "과거"와 "결과"를 짝으로 리딩하지 않을 것이다. 서로 어울리는 짝이 아니기 때문이다. 오히려 "미래"와 "결과"가 잘 어울린다고 생각했다. 둘의 상호 작용으로 앞으로의 상황이 펼쳐진다고 판단했다. 그래서 카드 3을 카드 7 옆으로 옮겨 리딩했다. 이 둘을 짝으로 리딩하기 위해 배치를 다시 했다.

질문자를 보여주는 포지션을 눈에 띄게 맨 위에 배치한 점은 좋았다. 하지만 순서가 네 번째라는 것이 적절치 않아 보였다. 당연히 첫 번째로 배치되어야 했다. 철학적으로도 레이아웃상으로도 가장 중요한 에너지라 생각했다. 위치 하나로도 "이 카드는 중요하다"고 각인시킬 수 있다는 점을 기억하자.

왼쪽에 필자가 수정한 말편자 스프레드가 있다. "미래"와 "가능한 결과" 말고도 다른 짝들도 이치에 맞는다. 과거의 어떤 일이 현 상황에 영향을 미치기 때문에 "과거"와 "다른 정보"가 같이 작용한다. 일반적으로 질문하는 그때 상황에 질문자를 괴롭히는 도전이나 알지 못하는 에너지가 있어 궁금해하는 것이므로 "현재"와 "도전"이 함께 움직인다.

포지션과 순서를 바꾸면서 카드 이동 테크닉(170쪽)을 추가했다. 짝으로 해석할 때(2와 3, 4와 5, 6과 7) 카드 1을 짝 사이 중앙으로 이동한다. 이 방식은 짝 카드가 보여주는 상황, 질문자의 존재가 그것들에 미치는 영향력, 질문자가 어떤 식으로 영향을 받거나 변화하는지 등

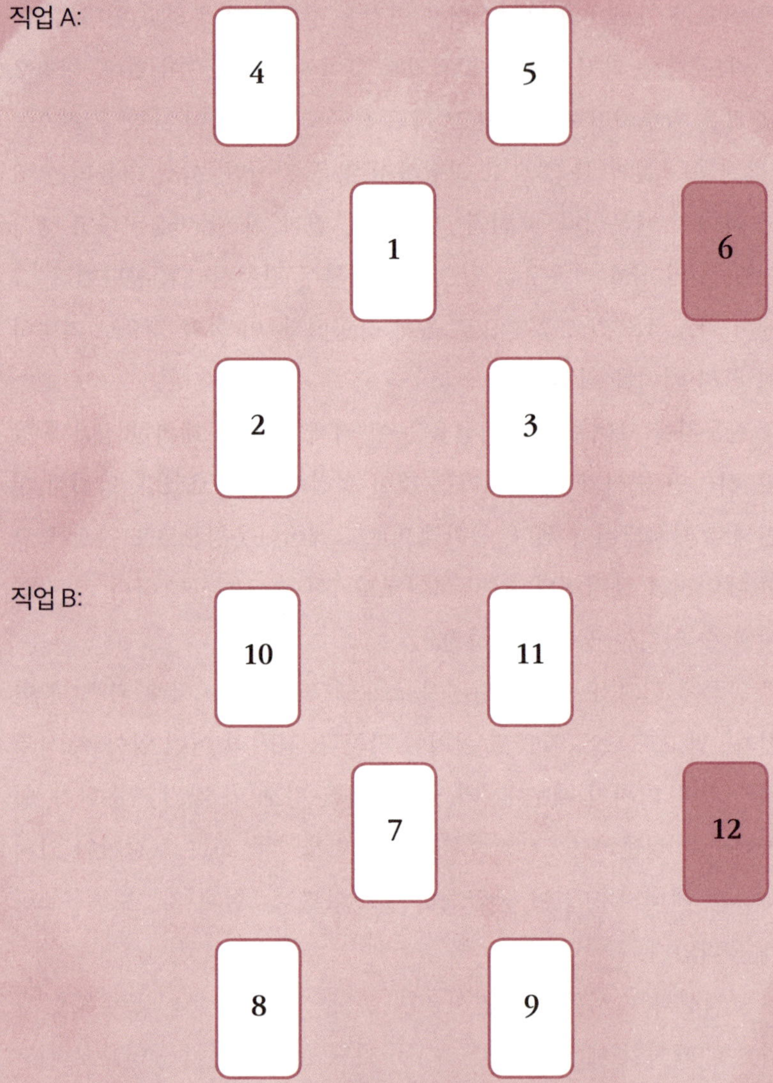

직업 A:

4		5	
	1		6
2		3	

직업 B:

10		11	
	7		12
8		9	

직업 A:

을 밀쳐볼 수 있다. 싹은 3개조로 되어 이야기를 더 쉽게 만들 수 있다. 또 원소의 위엄(248쪽 참조)을 적용하기에도 적합하다.

카드 순서를 바꾸었으므로 더 이상 말편자 스프레드는 아니다. 사실 스프레드명에 집착하면 모양을 쉽게 바꾸지 못한다. 그리고 지금은 새로운 이름이 필요하다. 질문자 카드가 두 기둥 사이에 있고, 앞으로 일어날 일을 알아보는 데 사용하므로 "개연성의 축 스프레드"라 이름을 붙였다(비록 필자 머릿속에는 아직도 말편자 스프레드 수정 버전으로 상기되지만).

이 수정 버전은 고전적인 말편자 스프레드가 지닌 목적의 본질은 유지했다. 시각적 형태는 유지하되 포지션을 바꿨다. 이렇게 하는 것이 필자의 논리와 역동적인 리딩 스타일에(카드를 모두 배치하고 나서 다시 이동하며 리딩하는) 더 잘 맞았다. 다른 예를 보자.

그 사람 스프레드 수정하기

스프레드를 수정하는 방법은 다양하다. 한 가지 작은 변화로 스프레드를 강력하게 탈바꿈시킬 수 있다. 가장 좋은 예가 초점을 연애에서 직업 선택으로 바꾸는 것이다.

두 직업 중 어느 쪽을 선택하는 것이 더 나은지 알고 싶다고 하자. 둘 다 서류상으로는 훌륭하다. 그래서 더 즐겁게 일할 수 있는 특별한 뭔가가 있는 곳으로 가고 싶다. "이 직업이 나에게 적합한가?"라는 식의 일반 스프레드가 아닌 다른 무언가가 필요해 특별한 작업을 해보려 한다.

질문자는 직업이 단순한 직업이 아닌 마치 영혼의 단짝처럼 고차
직으로 연결된, 자신에게 더 잘 맞는 것이 무엇인지 알고 싶다. 그래
서 영혼의 짝 스프레드나 삶의 동반자 스프레드를 사용하되 사람이
아닌 직업에 걸맞게 수정한다. 그렇게 두 직업을 쉽게 비교할 수 있
다. 117쪽의 그 사람 스프레드를 다시 보자.

"나에게 잘 맞는 멋진 직업은 어느 쪽인가?"에 대한 대답을 얻기
위해 그 사람 스프레드를 수정했다.

카드 1~6은 직업 A에 관한 것이다.(질문자가 정하거나 73쪽의 바버라의
일반 스프레드에서 설명한 테크닉을 활용한다.) 카드 7~12는 직업 B에 관한
것이다. 카드를 셔플하고 6과 12를 제외하고 모든 카드를 배치한다.
이 두 카드는 리딩이 끝날 때 뽑아 공개한다.

1, 7 직감: 이 직업에 대한 직감. 질문을 하는 진짜 이유일 것이다.
논리적으로 설명할 수 없지만 무언가를 "알고 있는" 느낌이다.

2, 8 물질: 이 직업에 대한 물질적인 측면. 월급, 상여금, 성장 가능
성, 직장 내 환경, 직장까지의 교통수단 등

3, 9 감정: 이 직업에 대한 감정적인 측면. 만족스러울까, 스트레스
를 받을까, 지루할까? 고객이나 동료 간에 평온한 분위기가 주를
이룰까, 아니면 통속적인 분위기가 주를 이룰까?

4, 10 지성: 이 직업에 대한 지성적인 측면. 도전하게 만드는가? 새
로운 기술을 배울 수 있는가? 실패에 대비해야 하는 직업인가?
위험하고 힘든 도전이 많은가?

　　　　　　　5장 스프레드를 수정하는 방법

5, 11 영성: 이 직업이 자신의 영적 여정에 어떤 방식으로 부합되는가? 삶의 큰 그림에 도움이 되는가? 궁극적인 목표로 나아가게 하는가, 아니면 방해하는가?

6, 12 질문: 자신에게 하는 질문. 이것이 가장 중요한 카드일 것이다. 문제의 핵심을 짚는 동시에 앞으로 나아가기 전에 생각해볼 중요한 것을 가리킬 것이다.

이 수정 버전은 말편자 스프레드를 수정했을 때처럼 포지션을 바꾸거나 테크닉을 추가하지 않았다. 대신 주제를 연애에서 직업으로 바꿔보았다. 하지만 자신의 필요에 맞게 수정했는데 원하는 대답을 얻지 못하면 어떻게 해야 할까? 나만의 스프레드를 만들어볼까? 시도할 마음이 드는가? 한 번 해보는 거다. 생각보다 쉬울 것이다.

6장

스프레드 직접 디자인하기

　대부분의 리더들이 흔한 질문에 사용할 스프레드 모음집을 갖고 싶어 한다. 실전 능력이 발전할수록 자신에게 어떤 종류의 스프레드가 필요한지 알게 된다. 자신의 모음집에 없거나 "이런 스프레드가 있었으면 좋겠다"라는 생각이 들면 스프레드를 직접 만들 수 있다.

　리딩을 하다보면 특정 유형의 질문들을 만나게 된다. 타로 리더들은 어떤 이유로든 늘 반려동물, 공부 습관, 이사, 인테리어 등을 묻는 사람들을 끌어당긴다. 따라서 구체적이고 독특한 질문에 대답할 수 있는 완벽한 스프레드를 원한다. 이때가 스프레드를 창작해볼 좋은 기회다! 주로 고등학생과 대학생을(또는 새로운 무언가를 배우려는 사람들을) 상대로 리딩한다면 SQ3R(Survey, Question, Read, Recite, Review[조사, 질문, 해석, 낭독, 검토]) 방식에 기반해 스프레드를 만들어보자. 질문자의 취약점을 정확히 찾아 개선 방법을 제시할 수 있다. 집 인테리어를 자주 바꾸는 사람을 리딩한다면 팔괘장과 풍수 이론을 바탕으로 스프레드를 만들 수 있다. 기氣가 조화롭고 부드럽게 흐를 수 있도록 도와줄 수 있다.

모두가 한 번쯤 스프레드를 디자인해봤으면 한다. 해보고 나서 다시는 하지 않는다 해도 그 한 번의 경험은 스프레드 작동 방식에 대한 이해도를 높여줄 것이다. 또 디자인이 잘된 스프레드를 알아보는데 도움이 된다. 필자는 많은 이들이 스프레드를 직접 디자인하는 것을 좋아할 거라고 생각한다. 타로 리더들은 대부분 타로로 하는 작업은 뭐든 좋아하기 때문이다. 더군다나 스프레드 디자인 작업은 만족도가 상당히 높다. 유용한 것을 직접 만들 수 있기 때문이다.

1장을 읽었다면 스프레드 기본 요소는 이미 잘 알 것이다. 이제 사용자가 아닌 창작자로서 알아둘 것들을 살펴보자.

스프레드 요소

스프레드 창작 과정을 말로 풀어내기란 쉽지 않다. 『사이킥 타로 Psychic Tarot』를 쓴 낸시 안테누치Nancy Antenucci는 타로 리딩이 교향곡과 같다고 했다. 많은 일이 동시에 일어난다는 뜻이다. 해석에 이르기까지 그 세세한 단계들을 구분하는 것은 사실상 불가능하다. 스프레드 디자인뿐 아니라 거의 모든 창작 행위가 그렇다. 스프레드 요소 몇 가지를 살펴볼 것이다. 자신만의 스프레드를 창작할 때 이들 요소를 고려하면서 어떤 결과물이 나오는지 확인해보자.

스프레드 창작의 최대 이점은 온전히 자신의 리딩 스타일에 맞출 수 있다는 것이다. 원소의 위엄을 활용하는 리딩 스타일이라면 스프레드에 세 장의 카드 그룹을 활용하는 데 집중할 것이다. 좀 더 직관적이고 디테일이 풍부한 카드를 선호하면 카드 개수가 적은 것이 더 잘 맞을 것이다. 패턴 찾는 것을 좋아하면 카드 개수가 많을수록 좋다. 어찌 됐든 창작 작업을 마치고 나면 자신의 필요에 딱 맞는 스프레드를 갖게 될 것이다.

창작하고 싶은 마음이 없어도 이런 요소들을 알고 나면 기존 스프레드를 수정할 때와 스프레드를 다루는 기술 향상에 도움이 된다. 스프레드의 요소와 그 역할을 이해함으로써 더 나은 스프레드를 선택할 수 있다. 각 요소들이 최종 해석에 어떻게 기여하는지 알면 리딩할 때 자신감이 더 생길 것이다.

스프레드를 디자인하는 과정에서 많은 결정을 하게 된다. 일련의 순서에 따라 하나씩 살펴보겠지만 교향곡을 지휘하는 작업임을 잊지 말자. 아래의 설명들이 머릿속에 뒤섞여 순서가 바뀌어도 괜찮다. 모든 게 다뤄지는 한 순서는 중요하지 않다.

초점

보통 스프레드는 필요에 의해 만들어진다. 즉 누군가 질문을 하고 그에 대한 대답을 얻기 위해 스프레드를 사용한다. 이런 식으로 질문이 스프레드에 영감을 준다. 아마 가장 흔하고 실질적인 영감의 원천일 것이다. 타로가 단지 운세 보는 용도가 아닌 그 이상으로 사용되는 것처럼 스프레드가 탄생되는 영감의 원천도 다양하다.

　　　　　　　　　6장 스프레드 직접 디자인하기

타로 덱

타로 덱 자체가 멋진 영감의 원천이 된다. 갖고 있는 덱 중에서 스프레드 유형을 암시하는 듯한 느낌이나 주제가 있는가? 필자가 공동 저자로 참여한 『신비의 요정 타로Mystic Faerie Tarot』는 덱의 주제 자체가 많은 스프레드를 암시했다. 모든 카드에 자연의 요정, 요정 정원 등이 다양한 모습으로 그려져 있다. 여기서 영감을 받아 도토리에서 참나무 스프레드를 만들었다.

도토리에서 참나무 스프레드

작은 도토리가 자라 거대한 참나무가 된다. 이 스프레드는 사랑, 돈, 가족, 집, 휴가 등 우리의 꿈이 현실이 될 수 있는 방법을 알기 위해 사용한다. 카드 1과 7에 배치할 카드를 선택하는 테크닉이 포함된다. 1은 도토리이고 7은 참나무로, 각각 현재 위치와 목표 위치를 보여준다. 도토리와 참나무 카드를 포지션에 배치하고 나서 나머지 카드를 평소대로 셔플하고 배치한다. 나머지 카드가 목표 달성을 위해 해야 할 일, 그 과정에서 예상되는 것들을 알려준다.

1 도토리: 지금 자신이 있는 곳

2 흙: 시작에 필요한 자원

3 햇살: 성장을 돕기 위해 알아야 할 것

4 물: 그것을 키우기 위해 해야 할 일

5 혹: 경계하고 우회할 수 있는 예기치 않은 지연

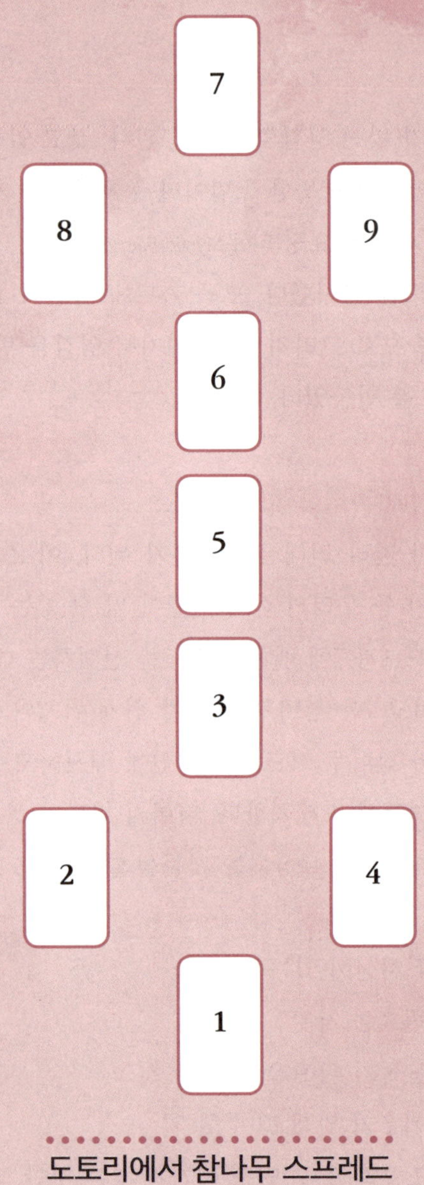

도토리에서 참나무 스프레드

6 줄기: 자신이 강해지도록 노움을 주는 것

7 참나무: 자신의 목표

8 가지: 참나무가 주는 혜택

9 잎: 참나무가 주는 예상치 못한 선물

진정한 마법 스프레드

몇 년 전 이탈리아 잡지(아직까지 영어로 출판되지 않은)에 원고를 쓴 적이 있다. 그 잡지 부록에 실리는 덱에 영감을 받아 스프레드를 창작해 달라는 의뢰를 받았기 때문이다. 덱은 「마법사 타로Sorcerers Tarot」였다. 필자는 진정한 마법 스프레드라 이름을 붙였다.

「마법사 타로」는 세상의 일부이자 우리 내면에도 존재하는 마법의 영역을 탐험한다. 이 덱은 우리가 어린시절에는 마법을 직관적으로 알고 사용할 줄도 안다고 전제한다. 어른이 되면서 책임과 이성, 그 외 다른 우선순위들에 밀려 마법과 우리 사이에는 벽이 생겼다. 「마법사 타로」는 다시 우리가 마법 능력을 쓸 수 있게 돕는다.

아이들은 마법에 자연스레 연결된다. 어른들도 마법을 잘 알고 사용하길 원하면 그렇게 될 수 있다. 카드 속 젊은 마법사들은 뾰족한 모자를 쓰고 있다. 이 모자는 힘의 원뿔로 알려진 마법 행위를 상징한다. 힘의 원뿔은 마법사가 마법 에너지를 일으켜 자기 의지대로 다룰 수 있음을 보여준다. 이것은 은유일까, 실재일까? 판단은 각자의 몫이다. 어느 쪽이든 이런 개념은 스프레드를 흥미롭게 만든다.

이 스프레드를 이용해 상황이나 문제를 마법의 눈으로 볼 수 있다. 놓친 것을 보게 해 "마법 같은" 생각을 할 수 있을 것이다.

6

4 5

1 2 3

진정한 마법 스프레드

1 가진 것: 스스로 의식하든 못하든 가지고 있는 에너지나 자원

2 필요한 것: 상황을 이롭게 해줄 에너지나 자원. 그것을 얻기 위해
노력해야 한다.

3 도와줄 사람: 자신을 도와줄 누군가. 바로 옆에 있을 수도 있으니
어느 누구의 가치도 그냥 지나치지 않는다.

4 해야 할 일: 카드 1~3에서 나타난 에너지나 자원이 지닌 힘이나
이점을 강화하기 위해 자신이 해야 할 행동

5 하지 말아야 할 일: 자신의 비마법적 자아는 좋게 생각하지만, 마
법적 자아는 상황을 불리하게 할 거라고 알고 있는 것

6 결과: 이 리딩의 모든 조언을 받아들일 때 가장 가능성 있는 결과.
긍정적이든 부정적이든 마법은 그 안에서 찾는다.

스프레드 맨 아래에 배치된 카드 1~3은 에너지(또는 자원)를 모으는
것을 의미한다. 힘의 원뿔을 만드는 첫 단계다. 두 번째 줄에 배치된
카드 4~5는 그 에너지를 확대하고 증폭시키는 방법에 집중한다. 맨
위에 배치된 카드 6은 이 에너지가 실현될 때 일어날 일을 보여준다.

타로 카드

덱 전체가 아닌 카드 한 장에 집중해 영감을 얻어보자. 재미있을 뿐
아니라 매우 유용하다. 타로 카드에 영감을 받아 스프레드를 창작하
는 일은 필자가 좋아하는 작업 중 하나다. 이미 앞에서 부름에 응답,

그림자를 지나서, 운명의 수레바퀴, 말한 것 실천하기 등의 스프레드를 보았다. 모두 타로 카드에 영감을 받아 만든 것이다.

어떤 카드를 사용할까? 이를 결정하는 방법들이 많다. 필자가 사용한 몇 가지 방법을 소개한다.

타로를 신뢰한다: 단순히 덱을 셔플하고 카드 한 장을 무작위로 뽑는다. 어떤 카드가 나오든 영감의 원천으로 활용한다.

열렬한 팬: 타로 리더들은 카드가 종종 자신을 "쫓아다닌다"고 말한다. 자신이나 다른 사람을 리딩할 때 카드 하나가 계속 등장하는 경우다. 때로는 꿈에 나타나기도 하고, 일상에서 그 카드가 연상되는 무언가를 보기도 한다. 이럴 때 필자는 그 카드가 우리에게 전하려는 메시지가 있다고 생각한다. 그 카드를 명상하고 일지를 적는 것은 메시지를 더 깊이 아는 데 도움이 된다. 그 카드를 바탕으로 스프레드를 만들어보면 더 깊이 들어가서 숨은 지혜를 발견하는 훌륭한 방법이 된다.

이슈: 대부분 타로 리더는 각자 나름의 이유로 좋아하지 않는 카드가 있다. 일반적으로 '교황' '5 소드' '7 소드' 등이다. 관련되기 싫고 원하지 않는 카드일수록 더 탐구해볼 만하다.

사랑: 사랑하는 카드가 있으면 스프레드를 창작해 그 카드를 예우하고 기념해보면 어떨까?

한 장의 카드로 스프레드를 디자인할 때 두 개의 출발점이 있다. 하나는 카드 그림의 상징들을 해부하는 것이다. 필자가 그림자를 지

      6장 스프레드 직접 디자인하기

나서 스프레드를 만들 때 사용한 방법이다. 다른 하나는 카드가 보여주는 것보다 자신의 생각, 느낌, 떠오르는 질문에 집중하는 것이다.

여정 스프레드

이 스프레드는 「그림자 풍경 타로Shadowscapes Tarot」 덱의 '8 컵'과 '은둔자' 카드에서 영감을 받았다(200쪽 참조). 이 둘은 무언가를 내려놓고, 여정을 떠나고, 잃어버린 것을 찾는 것에 관한 카드다. 현재 삶에 좌절해 다른 무언가를 동경하지만 그것이 무엇인지 확실하지 않을 때 이 스프레드를 사용한다. 자신을 망설이게 하는 것, 전진하기 위해 필요한 것을 아는 데 도움을 줄 것이다.

1~3 내려놓기: 자신이 버리려는 것, 더 이상 만족스럽지 않은 것, 망설이게 하는 것을 이 세 카드가 보여준다. 서로 다른 세 가지를 알려주거나, 함께 어울려 하나를 설명하는 것일 수도 있다.

4 이유: 지금 이 여정에 오르라는 부름을 받은 이유를 보여준다.

5 별: '은둔자'의 등불 주변에서 빛나는 별처럼 여정을 안내하거나 이끌어주는 것이 무엇인지 보여준다.

6 도전: 여정에서 맞게 될 도전을 보여준다.

7 목적지: 자신이 어디로 향하는지 보여준다. 이 여정에서 자신(또는 상위 자아)이 도달하고자 하는 곳이다.

카드 4, 5를 같이 리딩하면 흥미로운 메시지가 나올 수 있다. 여정을 떠나는 이유가 그 길을 안내하는 것과 관련이 있는가? 이 두 카드

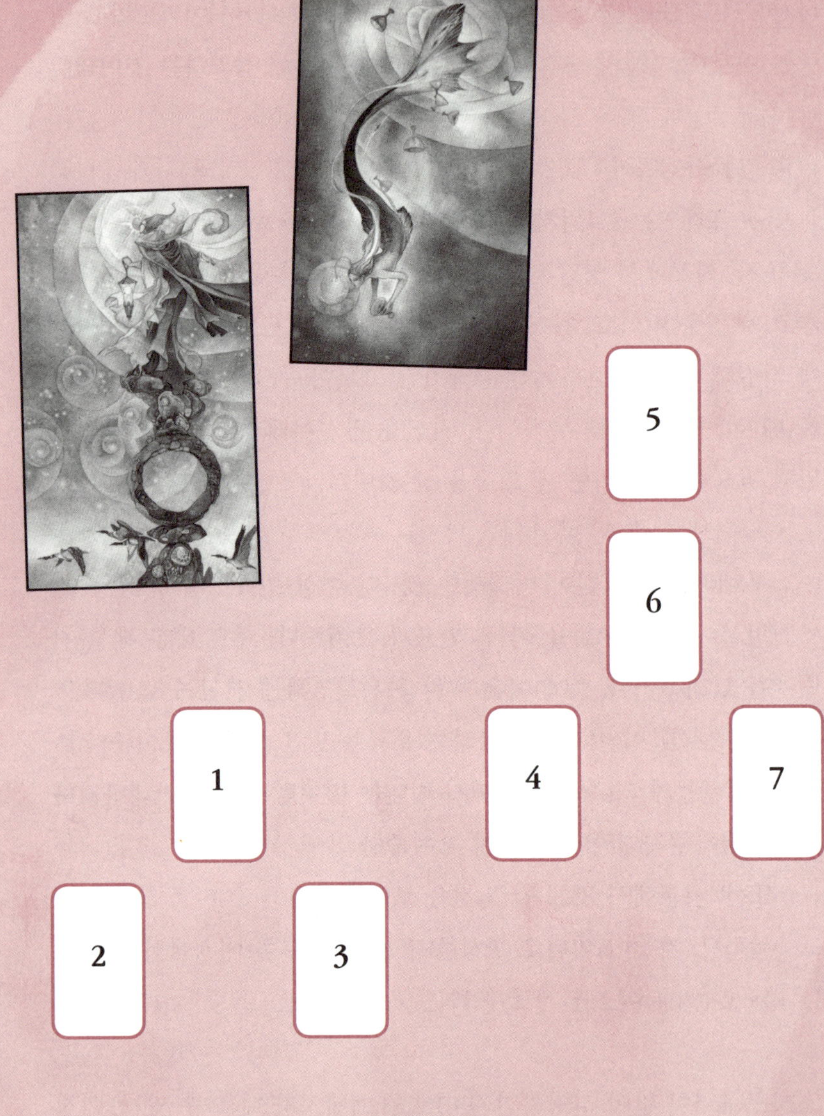

여정 스프레드

가 목적지와 관련이 있는가? 마찬가지로 내려놓기 카드와 도전 카드
가 관련이 있는가?

주제

주제는 영감을 받을 수 있는 거대한 원천이다. 필자는 계절과 기념
일에 관련된 스프레드를 좋아한다. 생일 스프레드, 새해 결심 스프레
드, 감사 스프레드, 갱생 스프레드, 추수 스프레드 등 뭐든 말해보라.
대부분 스프레드로 만들었다.

다른 유형의 주제들도 있다. 가령 스포츠에는 인생을 은유적으로
표현할 만한 소재가 많다. 네 번의 실패와 근소한 차이 스프레드가 필
요할지 모르겠다. 성공이 "그만큼" 가까워졌을 때 사용하기 딱 좋을
것이다. 사회 통념상 조심하고 확실한 걸 취하라고 하지만, 자신의 마
음 한구석은 그 기회를 잡고 싶어할 수도 있다.

그 외에도 반려동물, 취미, TV 쇼, 영화, 책, 음식, 색깔, 형체, 예술
등을 주제로 삼을 수 있다.

추수 스프레드

앞서 말했듯이 필자는 계절, 기념일, 배움 등에 관심이 많다. 최근
추수를 떠올리다 누구나 그런 시기를 겪는다는 생각이 들었다. 노동
의 대가를 받는다거나, 뿌린 것의 결실을 거둔다거나, 투자 결과를 얻
는다거나 하는 시기 말이다. 이런 주기는 계속 진행 중이다. 그 점에

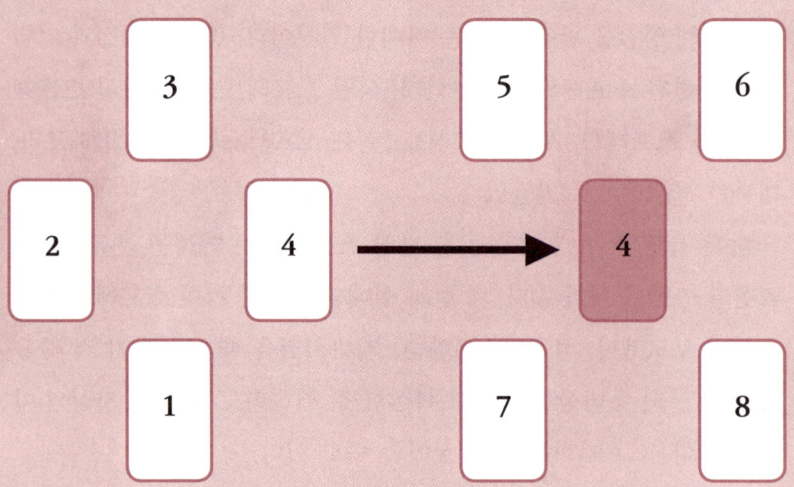

추수 스프레드

흥미가 생겼다. 우리가 한 행동의 결과는 한 번의 추수로 끝나지 않는다. 다음 주기의 일부가 되고, 그 다음 성장의 씨앗이 된다. 이런 것을 알고 싶어 이 스프레드를 자연스럽게 만들었다.

먼저 카드 1~4를 평소대로 셔플하고 배치해 해석한다. 그런 다음 왼쪽 그림처럼 카드 4를 밀어넣은 뒤 카드 5~8을 해석한다.

1 심은 것

2 돌보거나 양육하는 방식

3 성장에 영향을 주는 외부 작용

4 열매(노력의 결과)

5 추수한 것에서 분리시켜야 할 것(왕겨)

6 지금을 기념하고(추수 축제) 즐기는 방법

7 가까운 미래를 위해 비축해야 할 것(겨울에 대비)

8 장기간 비축하거나 재투자해야 할 것(미래의 씨앗)

카드 1~4는 원형으로 리딩하며, 과거 주기를 보여준다. 카드 4는 과거 주기의 결과이자 현재이고 미래의 씨앗이다. 카드 5~8은 미래를 보여주며, 카드 4와 관련지어 리딩한다.

명언

제임스 리클레프James Ricklef는 자신의 책 『타로, 전체 이야기 얻기:

타로 스프레드를 사용하고 창작하고 해석하기Tarot: Get the Whole Story: Use, Create, & Interpret Tarot Spreads』에서 명언에 영감을 받아 스프레드를 창작하는 방법을 설명한다. 명언에 담긴 지혜를 삶에 직접 응용하는 멋진 방법이다. 레이첼 폴락은 지혜 리딩을 할 때 명언이나 또 다른 지혜의 원천들을 활용한다. 지혜 리딩Wisdom Reading이란 남자 친구, 직업, 이사 여부 등이 아닌 더 내밀한 관심사나 더 보편적인 진실에 관한 리딩이다. 레이첼은 타로에게 이렇게 질문한다고 한다. "신이 세상을 창조할 때 보여줬던 당신(타로)의 리딩을 보여주세요" "타로란 무엇인가?" 등.

제임스는 명언으로 스프레드를 만들 때 그 문장의 기본 소재를 정제해 포지션을 만들라고 제안한다. 그리고 나서 명언과 포지션에 맞는 레이아웃을 만든다.

필자도 간혹 감동적인 명언을 보면 메모했다가 나중에 그것을 토대로 스프레드를 만든다. 앞서 본 계절의 삶 스프레드(145쪽)가 그 중 하나다. 아래는 최근에 영감을 받은 명언들 중 일부다.

"자신이 이성적으로 납득이 되지 않는 것을 다른 사람에게 이성적으로 설득할 수는 없다." ― 조너선 스위프트(미국의 풍자 작가, 『걸리버 여행기』 저자)

"긍정적으로 생각하는 사람은 보이지 않는 것을 보고, 만질 수 없는 것을 느끼고, 불가능한 일을 이룬다." ― 윈스턴 처칠(영국의 정치가)

이제 명언으로 스프레드 만드는 방법을 살펴볼 것이다.

     6장 스프레드 직접 디자인하기

포지션 이미

스프레드는 타로를 리딩하기 위해 카드를 순서대로 놓는 그 이상의 의미가 있다. 대개는 포지션 의미를 지정한다. 포지션 의미가 없는 경우에는 단순히 스프레드에 따라 배치하고 나서 카드를 리딩한다. 포지션 의미를 지정할지 말지는 각자의 선택이며 스프레드에 따라 다르다. 포지션 의미가 있는 것을 선호하는 리더들이 있는가 하면, 더 자유롭게 하고 싶어하는 리더들도 있다.

앞서 말했지만 리딩은 교향곡과 같다. 타로 카드는 다양한 의미를 지닌다. 그 의미는 리딩에서 질문, 카드, 스프레드 포지션(결과적으로 카드 간의 관련성) 등에 영향을 받는다. 리더의 직관과 질문자의 참여나 반응도 리딩 메시지를 만드는 데 일조한다. 포지션 의미를 지정해 스프레드를 창작하면 그 영향력이 추가된다. 그것이 리딩에 자신감을 불어넣을지, 거기에 갇혀 부자연스러워질지는 개인의 스타일에 따라 다르다. 확신이 서지 않으면 두 가지 방법 모두 해보고 자신에게 맞는 것을 찾는다. 이런 방식으로 스프레드 디자인 요소 중 하나인 포지션 의미를 지정할지 말지 판단할 수 있다.

포지션 개수

포지션 개수는 디자인 과정에서, 또 초점이 무엇이냐에 따라 정해질 것이다. 처음부터 정할 수도 있다. 리딩할 때 카드 개수가 많은 게 좋은지 적은 게 좋은지를 기준으로 하면 그렇다. 앞서 언급했지만 어떤 리더는 카드 개수가 적어 직관적으로 리딩하는 것을 선호한다. 또 어떤 리더는 카드 개수가 많아 패턴을 분석해서 리딩하는 것을 선호한다. 본래의 성향 외에도 아마 자신이 생각하는 스프레드 유형이 있을 것이다. 예를 들어, 한 가지 확실한 질문으로 빠르게 집중하는 스프레드는 5년 간의 영적 여정을 살펴보는 스프레드보다 당연히 카드 개수가 적을 것이다.

자신의 스타일과 스프레드의 일반적인 범주 외에도 "이" 특정 스프레드에는 몇 개의 포지션이 필요할까라는 문제가 남는다.

얼마나 많은 포지션이 필요하거나 있었으면 하는가? 리딩할 때 카드 개수는 어느 정도가 좋은가? 디자인을 마치고 나서야 대답할 수 있을지도 모른다. 3장에서 언급했던 도널리 드 라 로즈의 스프레드 연구 결과를 떠올려보자. 그녀는 스프레드에 네 개 포지션이 기본적으로 들어가는 데 서로 다른 이름으로 불린다는 것을 알았다.

과거: 과거의 영향력, 토대, 내 삶에서 사라진 것 등으로도 불린다.
현재: 문제, 질문, 도전, 상황 등으로도 불린다.
미래: 결과, 다가올 일, 예측, 발생 가능성 높은 일 등으로도 불린다.
조언: 안내, 행동 단계, 필요한 것 등으로도 불린다.

위에 열거한 포지션이 없는 스프레드도 분명 있다. 그러나 대부분 적어도 한두 개씩은 있다. 그럴 수밖에 없는 것이 리딩이란 질문자와 리더가 지나간 일을 살펴보고 질문자가 잘 가고 있는지 알 수 있게 돕는 일이기 때문이다. 이를 통해 리딩을 검증하고 리딩에 참여한 사람들은 그 방향성에 확신을 가질 수 있다. 많은 사람들이 타로를 통해

6장 스프레드 직접 디자인하기

알고 싶은 것이 미래(또는 가능한 미래)다. 그리고 우리에게 필요하거나 원하는 것을 자각하지 못할 때 타로가 주는 작은 보너스가 조언이다.

앞에서 이미 이들 네 가지가 포함되거나 그렇지 않은 스프레드를 많이 살펴보았다. 창작할 때 도움이 되므로 기억해두자.

포지션

스프레드에 무엇을 드러내고 싶은지에 따라 포지션이 정해진다. 무엇을 알고 싶은가? 일반적으로 가능성 있는 미래에 대한 대략적인 정보, 판단과 관련한 지침, 문제 해결을 위한 정보 등 모르는 것을 알기 위해 타로를 찾는다. 질문이 명료하고 원하는 대답의 요소를 식별하는 것이 포지션 결정에 많은 도움이 된다.

질문의 대답이나 특정 정보를 얻으려는 스프레드를 창작하기 위해 질문을 여러 개로 쪼개본다. 또 이상적인 대답의 틀도 만들어본다. 무엇을 포함시킬 것인가? 얼마나 많은 면면을 살펴볼 것인가? 얼마나 자세히 할 것인가? 시간을 내서 생각할 수 있는 모든 걸 떠올려본다. 이 과정에서 포지션 관계를(비교, 대조, 여러 층, 변형, 충돌, 단계 등) 염두에 둔다면 아래에 나오는 레이아웃을 정할 때 도움이 된다.

레이아웃

스프레드의 핵심은 당연히 레이아웃이다. 2장에서 설명한 레이아웃과 디자인 이론은 좋은 출발점이 되어준다. 시도해볼 수 있는 다양한 사양과 패턴이 있기 때문이다. 게다가 그 많은 스프레드를 보면서 그 안에서 일어나는 상호 작용도 확인했을 것이다. 직접 해보았다면 실제 리딩의 문맥도 경험했을 것이다.

2장을 다시 보면서 포지션들 관계를 생각해보자. 레이아웃이 그들 관계를 어떻게 강화하는가? 이슈를 시각적으로 표현하기 위해 레이아웃을 어떻게 조성하는가? 레이아웃이 여러 개면 관계나 이슈를 다방면으로 조명할 수 있는가? 레이아웃을 조합해 리딩이 더 풍성해질 수 있는가?

종합하기

스프레드 디자인은 교향곡을 지휘하는 것과 같다고 한 말을 기억하는가? 이를 염두에 두고 일차원적으로 접근하지 않도록 한다. 포지션이 레이아웃에 어떻게 영향을 주는지 쉽게 알 수 있는가 하면 그렇지 않은 경우도 있다. 예를 들어 네 개 포지션, 즉 중앙에 하나를 놓고 나머지 세 개 포지션이 있다고 하자. 여기까지 새끼 고양이를 키울지 말지 리딩해보자.

1 새끼 고양이가 집에 가져오는 에너지
2 새끼 고양이가 내 노동량에 미치는 영향
3 새끼 고양이가 이미 같이 살고 있는 두 마리 개에게 미치는 영향
4 새끼 고양이가 자녀들에게 미치는 영향

왼쪽 그림을 보면 새끼 고양이가 중앙에 있고 나머지 세 포지션은 그것과 관련해 리딩한다는 것을 알 수 있다. 이 책에 많이 언급된 비슷한 구조가 카드 1 아래에 하나 더 있는 다섯 개 포지션이다. 그렇다면 그 아래에 무엇이 들어갈지 궁금할 것이다. 무엇을 넣어야 합리적일까? 보통 밑에 있는 카드는 상황의 기본적인 문제나 근간을 보여준다. 카드 5에 "왜 새끼고양이를 데려오려 하는가?"를 추가한다.

이것은 레이아웃이 포지션 선택에 어떤 영향을 미치는지 설명하는 간단한 예시다. 여러 레이아웃을 탐색함으로써 질문은 확장되고 대답은 더 깊어질 수 있다. 포지션 개수, 포지션 의미, 레이아웃 등 이 모든 요소를 가지고 고려해볼 수 있다. 여기에 질문(또는 자신의 영감)이 어우러져 최종 결과에 색을 입히고 형태가 잡힌다. 스프레드를 디자인하는 과정은 창의적이고 합리적이다. 이 두 측면이 함께 작용해 어떤 결과가 나오는지 확인한다.

마지막 손질

자신만의 레이아웃을 만들고 포지션을 정했으니 이제 셔플할 준비

가 끝난 걸까? 아직 끝나지 않았다. 결정할 것이 몇 가지 남았다. 스프레드를 예리하게 다듬는 세부 사항으로, 레이아웃이나 포지션 의미처럼 리딩 결과가 나오는 해석 방식에 영향을 미친다. 이런 것들이 포함되면 스프레드가 바뀔 수 있다. 그러나 두려워하지 마라. 모두 과정의 일부이고, 스프레드는 진화하는 경향이 있다.

포지션 번호 매기기

간단히 3-카드로 선형 배치한다고 하자.

여기서 질문! 카드를 배치하는 순서를 어떻게 할까? 그것은 중요한가? 어떤 면에서는 그렇다. 스프레드 관점에서 적절한 순서는 무엇일까? 포지션 의미가 과거, 현재, 미래라면 시간 순 배치가 합리적이다. 그러나 포지션 의미가 선택 A, 딜레마, 선택 B라면 2, 1, 3 순이 더 합리적일 것이다.

6장 스프레드 직접 디자인하기

중요하게 고려할 것은 자신이 중요하게 여기는 카드가 무엇이냐다. 어떤 리더는 탁자 위에 제일 먼저 배치되는 카드가 전체 리딩에서 가장 중요하다고 생각한다. 그래서 그 포지션에 신중을 기한다. 또 어떤 리더는 마지막에 배치되는 카드가 최절정이라 생각해 가장 중요하게 생각한다. 거의 모든 타로 작업이 그렇듯 여기에도 옳다, 그르다, 관행이다 등은 없다. 포지션에 순서를 나타내는 번호는 들어가야 하니 그 번호에 의미를 두는 것이 좋다. 타로의 모든 것이 상징적이라는 걸 기억하자.

방향

카드를 셔플하고 나서 배치하기 전에 카드 앞면을 위로 향할지 아래로 향할지 정한다. 개인의 성향 차이지만 카드를 해석하는 리딩 방식에 영향을 준다. 어떤 쪽을 택하든 그 이유를 생각해본다.

카드 앞면을 아래로 향하게 해서 배치하는 사람들은 한 번에 한 장씩 리딩하므로 긴장감과 드라마를 만들어낸다. 한 장의 카드에 집중하는 동안 다음 카드에 대한 신비감이 쌓여 긴장감은 지속된다.

카드 앞면을 위로 향하게 배치하는 사람들은 흔히 훑기 테크닉을 쓴다. 스프레드 전체를 훑고 슈트, 숫자, 상징 등에서 그 패턴을 관찰한다. 세부적으로 들어가기 전에 전체 개요를 파악할 수 있다.

117쪽의 그 사람 스프레드는 카드 앞면을 위로 향하게 한 것도 있고, 아래로 향하게 한 것도 있다. 두 가지가 훌륭하게 결합되어 있다.

변화는 늘 흥미롭다. 기본을 알고 나면 규칙을 깨고 특별한 경험을 시도해보자. 즐거움을 선사할 것이다.

방향에 관한 또 다른 결정은 역방향 사용 여부다. 이 역시 개인의 성향에 의존하므로 일관되게 적용될 것이다. 그럼에도 역방향 카드를 포함한 스프레드를 만들 수 있다. 105쪽의 메리 K. 그리어의 예/아니오 스프레드가 그렇다.

테크닉

4장에 소개한 테크닉 중 하나(또는 그 이상)를 포함시킬지 고려한다. 테크닉은 보통 리딩을 하면서 필요할 때 추가하거나 기존 스프레드 디자인에 추가하곤 한다. 하지만 창작할 때 처음부터 스프레드의 일부로 포함시킬 수 있다. 그러면 그 테크닉을 사용해 스프레드를 수정하거나 작은 변화를 줘야 할 때 리딩이 부드럽게 흘러갈지 미리 판단할 수 있다.

테스트

스프레드를 완성했다고 단정하기 전에 직접 사용해본다. 이론상 완벽해도 자신이 생각한 대로 작동하지 않을 수 있다. 29쪽의 "새로운 스프레드 사용하기"를 참조해 필요한 아이디어를 얻는다.

　　　　　　　　　　　6장 스프레드 직접 디자인하기

체크 리스트

- 스프레드의 초점(또는 영감)
- 필요한 포지션
- 레이아웃
- 포지션에 번호 매기기
- 카드 앞면을 위로 또는 아래로
- 역방향 사용 여부
- 추가 테크닉
- 테스트

스프레드 디자인 예시

실제로 스프레드를 디자인하는 과정을 살펴보자. 그 과정을 최대한 정확하게 묘사해볼 것이다. 왜냐하면 자신만의 스프레드라는 그 결과에 도달하기까지 저마다 방법이 다르고, 자신조차도 할 때마다 달라질 수 있기 때문이다. 보통 질문, 영감, 카드, 이미지, 기념일, 명언 등에서 시작한다.

예시는 명언에서 시작한다. 앞서 언급한 윈스터 처칠의 명언이다.

"긍정적으로 생각하는 사람은 보이지 않는 것을 보고, 만질 수 없는 것을 느끼고, 불가능한 일을 이룬다."

스프레드의 초점

왜 이 명언으로 스프레드를 만들고 싶었을까? 필자는 목표를 높이 잡고 역경과 장애물을 극복하는 것을 좋아한다. 힘들게 얻은 영광은 그 무엇으로도 채울 수 없는 성취감과 만족감을 준다. 필자는 늘 "불가능한 성취"를 갈망한다. 이 명언에 그런 공식이 있는 것 같았다. 긍정적 사고는 보이지 않는 것을 보게 하고, 만질 수 없는 것을 느끼게 해준다. 그렇게 된다면 불가능한 것을 이룰 수도 있다. 논리상으로 그 의미가 정확하지 않아도 괜찮다. 이 명언이 필자에게 영감을 주었고 창의력에 불을 지폈다. 얽매이지 말고 작업해야 한다. 필자의 생각을 다음과 같이 쪼개보았다.

- 초점: 긍정적으로 생각하는 사람
- 긍정적 효과
    a. 보이지 않는 것을 봄
    b. 만질 수 없는 것을 느낌
- 결과: 불가능한 것을 이룸

쪼개놓은 것을 보면 네 개 포지션이 적당해 보인다. 필자 머릿속에는 이미 레이아웃에 대한 아이디어들이 샘솟았다. 네 개 포지션은 원형(순환) 구성이 일반적이다. 생각하기, 보기, 느끼기, 성취하기로 이어지는 순환이 분명 존재한다. 그러나 그렇게 하고 싶지 않았다. 진행 과정을 보면 선형 구성도 적당하다. 그 역시 필자가 원하는 것은 아니었다.

6장 스프레드 직접 디자인하기

최근 필자는 십자형 구성을 선호한다. 따라서 포지션을 추가할 필요가 있다. 눈에 보이지 않아도 머릿속에는 많은 일들이 일어난다. 마치 교향곡이 만들어지는 과정과도 같다. 매우 빠르고 자연스럽게 일어난다. 아래는 필자가 만든 방식이다.

1 프로젝트: 현재 진행 중인 프로젝트

2 생각하기: 어떤 종류의 긍정적인 생각에 집중해야 하는가?

3 보이지 않는 것: 사용할 수 있는데 보지 못하는 것은 무엇인가?

4 만질 수 없는 것: 영감을 주는 무형의 에너지는 무엇인가?

5 불가능한 것: 상상 이상으로 성취할 수 있는 것은 무엇인가?

이 스프레드는 어떤 프로젝트를 진행하든 사용할 수 있다. 상상할 수 있는 최고의 결과물이 나올 수 있게 또는 처음에 의도한 것보다 더 나아질 수 있게 돕는다. 리딩에서 초점을 맞추고 있는 것은 프로젝트다. 그것과 관련지어 다른 카드들을 리딩한다. 카드 2가 있는 세로줄은 계획에서 가능성으로, 처음에 했던 생각이 어떻게 진행되는지 보여준다. 카드 3이 있는 가로줄은 결과인 카드 5를 만드는 세 가지 요소를 보여준다.

번호 매기기

포지션에 번호를 매긴다. 여기에는 명언과 필자의 논리가 따른다. 카드 1이 출발점이 된다. 카드 2는 프로젝트에 힘을 불어넣는 첫 단계다. 카드 3과 4는 명언에서 말하는 다음 단계이자, 프로젝트에 나란히 추가되는 것이다. 카드 5는 결과로써 당연히 마지막에 놓인다.

마지막 점검

필자는 평소 카드 앞면을 위로 향하게 배치한다. 이 스프레드에서는 필자 방식을 유지할 것이다. 다른 방식으로 한다고 해서 어떤 이점이나 상징적 근거가 없기 때문이다.

불가능한 것을 의미하는 포지션, 즉 카드 5가 부정적으로 나오면 마음의 동요가 있을 수 있으므로 테크닉을 하나 추가하려 한다. 카드 무더기 테크닉이다. 카드 1~5까지 앞면을 위로 향하게 배치하고 나서 포지션 5에 다시 세 장의 카드를 앞면이 아래로 향하게 배치한다. 카드 5가 이해하기 어려울 때 이 작은 무더기를 설명용으로 활용한다. 그러나 이 스프레드에서 항상 사용하는 것은 아니고, 필요할 때

6장 스프레드 직접 디자인하기

추가하는 선택 사항으로 활용한다.

스프레드명 짓기

마지막으로 스프레드에 이름을 붙인다. 이름은 무언가에 연결되고 일정 부분 그것을 통제할 수 있게 한다. 이름을 통해 특별한 에너지를 부여해 집중시킨다. 스프레드 대부분이 특히 고전 스프레드들은 목적보다 모양을 딴 이름이 많다. 필자는 이 스프레드에 독특하고 강한 이름을 붙였다. 일명 불가능한 것 이루기 스프레드다.

이 스프레드 창작은 오래 걸리지 않았다. 복잡할 게 없었다. 여러 행위를 쪼개 하나씩 진행하면 간단하다. 그렇다고 타로를 배우는 모든 초심자에게 단계별로 나누라는 조언을 하는 것은 아니다. 다음 장에서는 타로 초심자를 깊은 데로 뛰어들게 하는 선생과 스프레드를 소개한다.

7 장

78-카드 리딩

넬 모닝스타Nell Morningstar는 미네소타 주 세인트폴에서 타로를 가르치는 타로 리더다. 그녀는 루이 피에퍼Louie Pieper의 제자로 알려져 있다. 루이는 쌍둥이 도시Twin Cities(미네소타 주의 미니애폴리스와 세인트폴을 같이 부르는 이름. 옮긴이)에서 명성이 자자한 타로 리더이자 선생이었다. 지금은 안타깝게도 돌아가셨다. 필자는 넬에게 루이의 유명한 스프레드를 가르쳐 달라고 요청한 적이 있다. 넬은 흔쾌히 그 스프레드의 역사부터 알려주었다. 개구쟁이 같은 그녀의 눈은 설명하는 내내 반짝거렸다.

루이는 미네소타 주에서 오랜 기간 형이상학 분야에서 활동했다. 1979년에 이븐스타 책방Evenstar Books을 열어 30년간 운영하기도 했다. 루이에 관한 일화 중 하나가 시계가 늘 고장나 시간을 알 수 없어 차고 다닐 수 없었다고 한다. 또 다른 일화는 타로 리딩에 애정이 깊었다고 한다. 그녀는 손에 카드가 남아 있는 한 리딩이 끝난 게 아니라고 생각했다. 그래서 라지 스프레드가 필요했다. 누군가 루이의 손에 카드를 계속 쥐어줬더면 계속해서 리딩했을 거라고 한다.

이 스프레드에 적절한 이름이 없는 것은 루이가 오래된 황금새벽 회Golden Dawn의 어떤 스프레드를 기억하지 못해서라고 했다. 대신 그녀가 최대한 기억할 수 있는 원래 스프레드를 자기만의 방식으로 개발했다.

이렇게 해서 넬을 포함한 루이의 제자들이 새로운 전통을 만들기 시작했다. 이 전통이 넬을 통해 필자에게 전해졌다. 그러나 가르친 사람은 한 번의 빠른 설명으로 진행하기에 배운 사람은 전달받은 방식 그대로가 아닐 수 있다. 필기를 해도 복잡해서 노트는 쓸모없어지고 급기야 지저분해져 읽을 수조차 없게 된다. 결국 스프레드의 핵심과 기억할 수 있는 모든 것을 동원해 자신만의 78-카드 스프레드를 만들게 된다. 흥미로운 발상이지 않은가?

시작하기 전에 넬은 셔플과 덱 보호에 대한 자신의 생각을 필자에게 공유했다. 리딩이 끝날 때마다 그녀는 모든 카드를 정방향으로 맞춰 놓는다(카드 숫자에 따른 순서는 상관없고 역방향만 아니면 된다). 덱을 "중립에 놓는" 그녀만의 방식이다. 또 덱을 보관함에 넣기 전에 맨 위와 맨 아래에 놓을 카드를 선택한다. 매번 같은 카드를 고르는 것은 아니고 단순히 느낌이 오는 카드를 고른다. '10 소드' 같은 카드는 맨 위에 놓고 싶지 않겠지만, 넬은 자신이 고른 카드를 놓는 것이 어떤 의도를 담는 것이므로 그녀에게는 좋은 카드일 수 있다.

대부분의 타로 리더가 질문자에게 카드를 주고 "당신이 하고 싶은 대로 셔플하라"고 한다. 넬은 주저하거나 방법을 모르는 질문자가 있으면 직접 셔플하는 방법을 보여주고 그들이 편안하게 따라할 수 있게 돕는다. 넬은 또 다른 이유로 늘 첫 셔플을 직접 한다. 그녀가 "덱을 깨우는" 방식이기 때문이다.

대부분의 타로 리더가 질문자에게 질문이나 상황에 집중할 것을 요청한다. 그러나 넬은 질문자와 한가롭게 수다를 늘어놓는다. 질문자가 집중이 잘 안 된다고 하면 넬은 괜찮다고 대답해준다. 그녀는 질문자가 자신의 생각을 카드에 밀어붙이길 원하지 않는다. 사실 그럴 때는 질문자가 질문을 아예 안 하는 것이 좋다. 그녀는 그들 자신의 손을 믿으라고 말한다. 카드가 셔플하는 방법과 셔플을 멈출 때를 가르쳐준다고 그녀는 말한다. 넬의 신조가 있다면 "카드가 당신에게 가르쳐준다"일 것이다.

셔플이 완전히 끝나고 질문자는 주로 사용하지 않는 손(오른손잡이라면 왼손, 왼손잡이라면 오른손. 옮긴이)으로 덱을 세 무더기로 컷하고 다시 한데 모은다. 앞서 타로의 모든 것이 상징적이라고 말한 것을 기억하는가? 넬도 그렇게 생각했다. 세 무더기는 사건의 시기 즉 과거, 현재, 미래를 상징적으로 설정한다. 3은 여신의 숫자이고, 넬은 그것을 중요하게 여겼다. 주로 사용하지 않는 손은 잠재의식과 수용성을 의미한다.

켈틱 크로스로 시작하지만 일부 포지션은 전통 방식과 다르게 리딩한다. 또 시그니피케이터(선택하지 않고 덱의 맨 위에 있는 카드를 뽑는다), 덮는 카드, 교차 카드가 중앙에 십자형으로 배치된다. 포지션 의미가 의도적으로 모호해 해석이 충분히 느슨해질 수 있다. 말하자면 논리적 틀은 제공하되 리더의 직관에 따라 자유롭게 해석할 수 있다.

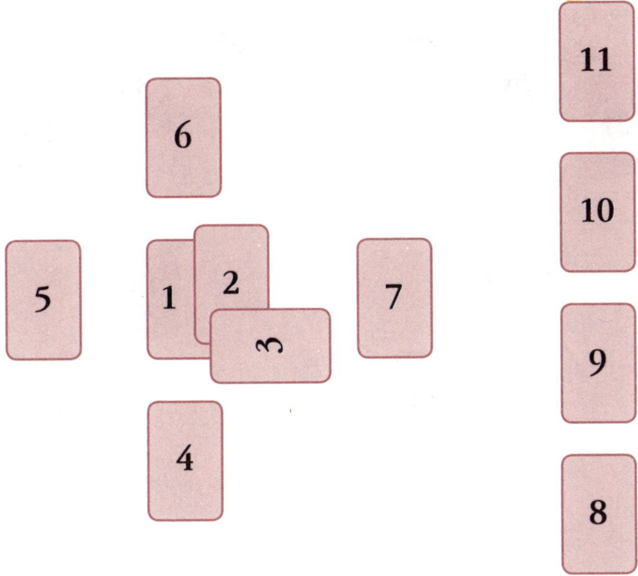

1 질문자

2 질문자를 덮고 있는 것

3 질문자를 가로막는 것

4 뿌리: 과거에 있었던 것으로 질문자에게 상당히 집적된 문제의
깊숙한 내막

5 가까운 과거: 약 6주 전이나 한두 달 전

6 이상: 의식적인 마음, 질문자의 생각, 걸러낸 것

7 미래: 약 6주 후나 한두 달 후. 가까운 시일 내에 실현되는 데다
많은 것들이 확정되어 있어 바꾸기 어렵다. 먼 미래일수록 구체
성이 떨어져 바꾸기 쉽다.

8 교훈이나 문제: 종종 중앙의 십자형이 보여주는 것과 밀접하다.

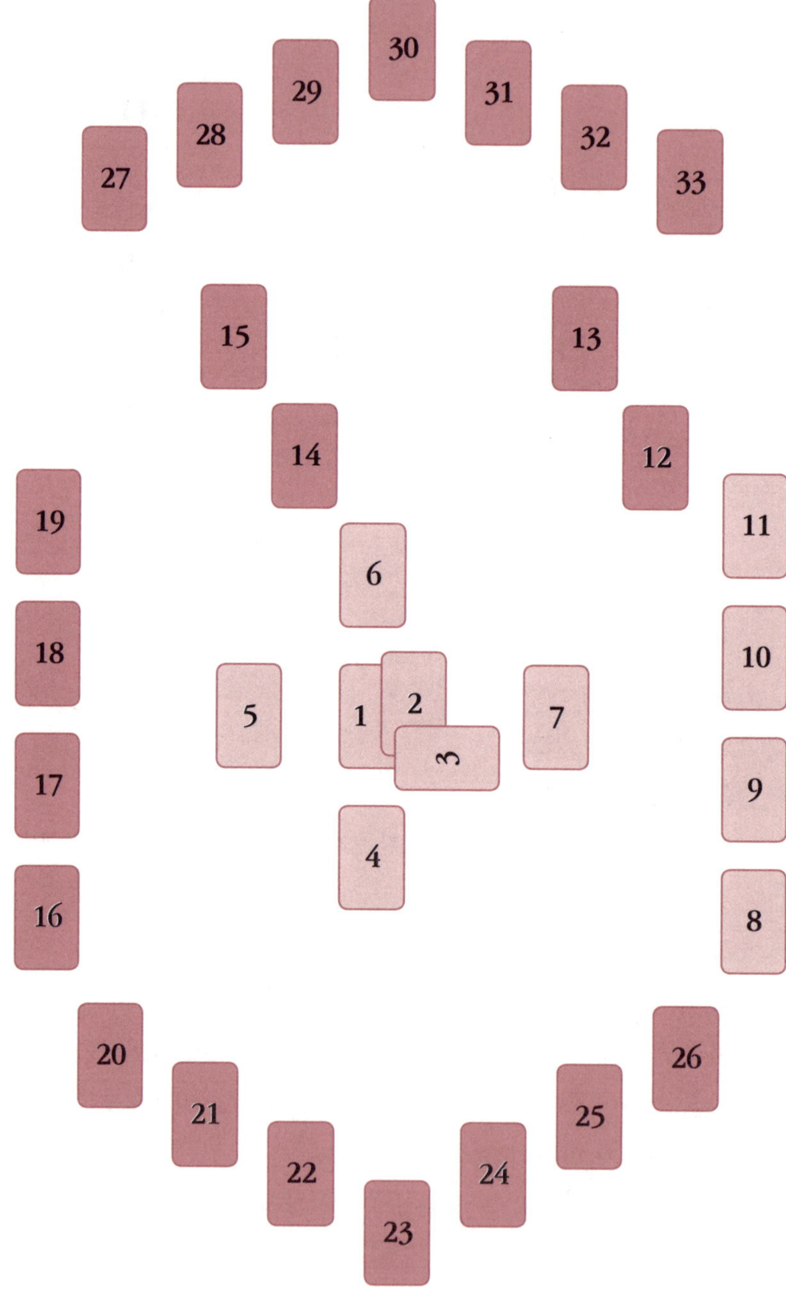

9 정보: 질문자가 주변에서 얻는 것

10 태도: 모든 카드 중 가장 쉽게 변화될 수 있다.

11 일어날 일

넬은 열한 장의 카드 중 처음 몇 개는 3-카드 스프레드처럼 리딩한다. 카드 5, 1~3, 7은 과거, 현재, 미래를 보여준다. 카드 4, 1~3, 6은 질문자의 중추적인 모습을 보여준다. 밑에서부터 위로 가면서 그의 잠재의식, 개성, 의식적인 마음이 드러난다.

넬은 카드를 모두 해석하고 나서 카드 11 좌측에 아치 모양으로 카드 12, 13을 추가한다. 이들 세 카드가 석 달 후의 일을 보여준다.

다시 카드 6 좌측에 아치 모양으로 카드 14, 15를 추가한다. 이들 카드는 넉 달 후의 사건으로 리딩한다. 알다시피 카드 6은 질문자의 이상으로 해석했다. 그녀는 78장 카드를 모두 사용할 뿐 아니라 한번에 여러 가지를 다룬다. 한 개인의 이상과 집중력과 의도가 미래를 창조한다고 생각하면 일리가 있다. 따라서 카드 6이 카드 14, 15와 어떤 식으로 관련되고 실현되는지 살펴본다.

카드 5 좌측에 카드 16~19를 추가한다. 오른쪽 기둥의 거울상으로 배치한다. 이들 카드는 6개월 후의 사건을 보여준다.

카드 20~26은 그림과 같이 사선으로 배치한다. 이들 카드는 앞으로 9개월간을 보여준다. 때로 질문자의 삶에서 주의 또는 중재가 필요한 한두 가지 선택 사항이 있을 수 있다.

카드 27~33은 하단에 있는 사선의 거울상으로 배치한다. 이들 카드는 지금부터 9~12개월간 예상되는 것을 보여준다.

넬은 이들 카드가 모두 탁자 위에 배치되고 나면 주제, 경향, 삶의
교훈을 살펴보는 시간을 갖는다. 그녀는 그룹 카드를 해석할 때 모서
리, 중앙, 마지막 카드(카드 33)를 중요하게 다룬다.

카드 33장이 배치되었지만 넬의 손에는 여전히 45장이 남아 있다.
이들 카드에 향후 15개월간의 사건이 담겨 있다. 그녀는 이미 배치된
카드 33장 상단에 한번에 세 장씩 펼쳐놓는다.(남은 45장의 카드를 세 장
씩 배치하면 15줄이 만들어지며 각 1개월씩을 보여준다. 옮긴이) 모두 배치되고
나면 세 장의 카드 그룹이 3열 종대로 탁자 위는 정말 어수선해진다.

약 2년 반의 시간을 전망하고 나서, 넬은 카드를 모두 모아 카드 앞
면을 아래로 향하게 하고 질문자 앞에 부채처럼 펼쳐놓는다. 질문자
는 구체적인 질문이 있으면 이때 한다. 넬은 질문자에게 질문을 하라
하고 카드 세 장을 뽑으라고 요청한다. 그 카드들로 질문에 대답한다.
질문자에게 질문이 없을 수도 있다. 왜냐하면 이미 라지 스프레드를
통해 궁금한 것을 모두 알았기 때문이다. 넬의 일부 단골 고객은 카드
를 다 쓸 때까지 계속 질문하곤 한다.

이것이 필자가 기억하는 넬의 스프레드다. 그녀가 알려준 대로 정
확하게 했는지 장담할 수는 없지만 핵심은 이렇다. 누구나 이것을 자
신만의 것으로 만들 수 있다! 지금 바로 시도해서 자신만의 스프레
드로 만들어보자.

마치며

　타로 리더는 카드가 중요한 도구임을 안다. 훌륭한 장인이나 명인이 그렇듯 도구에 대해 알면 알수록 더 효율적이고 효과적이고 창의적으로 사용할 수 있다. 그래서 카드를 공부하는 것이다. 즉 상징을 배우고 상응 관계를 이해하고 그 관계를 발전시킨다. 지금까지 우리는 타로의 또 다른 도구인 스프레드에 대해 그런 작업을 한 것이다.

　디자인이 잘된 스프레드라면 이치에 맞아야 한다. 스프레드는 기본적인 디자인 원칙을 따르며, 그 원칙은 우리의 눈과 마음이 함께 작동해 세상의 의미를 만든다는 사실에 기반한다. 그래서 해석이 쉬워진다. 타로 리더로서 우리는 더 빛나고 메시지는 더 명료해진다.

　이제 원하는 스프레드를 잘 사용할 수 있을 것이다. 자신의 필요와 스타일에 맞지 않으면 수정하거나 언제든 직접 만들 수 있다.

　필자가 스프레드 세계에 매료되었듯 여러분도 그 흥분을 느꼈으면 좋겠다. 어떤 덱을 좋아하고 어떤 스프레드를 사용하고 어떤 테크닉을 구사하든 여러분이 하는 모든 리딩에 진실이 담기길 바란다.

스프레드 상호 참조

아래 숫자는 스프레드 설명이 시작되는 페이지다. 스프레드 이미지는 최대한 가까이 마주하는 곳에 넣었다.

감정의 격변

건강 개요

스프레드 상호 참조

재정

    스프레드 상호 참조

도서 소개

『사이킥 타로Psychic Tarot』

낸시 안테누치Nancy Antenucci, 멜라니 하워드Melanie Howard

타로 리더로서 직관을 이용해 카드를 리딩하는 방법과 사이킥 능력을 강화하는 방법을 알려준다. 타로 리딩은 분석과 직관 사이에서 균형을 이룬다. 스프레드 레이아웃과 카드 상징에 주목하면서 자신의 사이킥 능력에 균형을 잡아보자.

『쉬운 타로 리딩Easy Tarot Reading』

조지핀 엘러쇼Josephine Ellershaw

타로 카드 의미를 매끄럽게 엮어 해석에 유용하게 활용하는 방법을 멋지게 설명한다. 숙달된 전문가의 머릿속이 궁금하다면 이 책이 바로 그곳이다.

『융과 타로: 원형으로의 여정Jung and Tarot: An Archetypal Journey』

샐리 니컬스Sallie Nichols

필자가 타로를 공부하던 초기에 본 책 중 하나다. 꽤 두꺼운 분량으로 카드에 대한 심리학적 고찰이 담겨 있다. 스프레드는 하나만 소개한다. 바로 9-카드 타로 오라클 스프레드인데, 필자가 리딩을 시작한 이래 처음 몇 년간 애용했다. 그 가치는 꼭 확인해볼 만하다.

『작가를 위한 타로Tarot for Writers』

코린 케네르Corrine Kenner

카드에 관한 글을 쓰거나 카드로 재미난 것을 하고 싶을 때 이 책에서 멋진 아이디어를 얻을 수 있다. 특히 논리적이고 분석적인 사람이 창의성을 발휘하고 싶을 때 도움이 된다.

『타로 101Tarot 101』

킴 허겐스Kim Huggens

카드를 연구해서 그 의미를 깊은 곳까지 발전시키는 훌륭하고 완벽한 과정을 담고 있다. 목표를 정해 가치 있는 무언가를 이루기 위해 노력하는 사람들이 좋아할 것이다. 그룹 카드에 대한 접근 방식이 독특하다. 숫자의 순서가 아닌 유사한 의미들에 초점을 맞춘다. 이는 필자가 스프레드를 디자인할 때 선호하는, 관련 항목들을 같이 배치하는 방식이다. 어떤 덱이든 사용할 수 있다.

『타로 스프레드 사용 방법How to Use Tarot Spreads』

실비아 아브라함Sylvia Abraham

30개 이상의 스프레드가 실려 있다. 솔직히 필자가 선호하는 스프레드는 아니지만 간단한 리딩 사례들이 있어, 초심자나 가이드라인이 필요한 사람에게 유용할 것이다.

『타로 일지 쓰기Tarot Journaling』

코린 케네르Corrine Kenner

절판되었지만 일지 쓰기를 좋아하면 중고 책을 구해보면 좋을 것이다. 훌륭한 아이디어가 많다. 켈틱 크로스를 기반으로 하기 때문에 필자가 애용하는 양식은 아니지만 내용이 워낙 좋다.

『타로 카드를 리딩하는 21가지 방법21 Ways to Read a Tarot Card』

메리 K. 그리어Mary K. Greer

타로 카드를 깊이 이해하는 데 많은 도움을 주는 훌륭한 책이다. 어떤 덱이든 사용할 수 있다. 카드에 대한 접근 방식이 분석적이면서 직관적이고 매우 창의적이다. 필자가 사랑하는 책 중 하나다. 몇 번이고 다시 읽지만 한번에 끝까지 읽은 적은 없다. 창의력을 자극하는 방법들을 활용하기 위해 자주 훑어보며 참고한다.

『타로를 해독하다Tarot Decoded』

엘리자베스 헤이즐Elizabeth Hazel

위계와 상응 관계를 깊이 알고 싶을 때 이 책을 참조한다. 어떤 덱이든 사용할 수 있다. 사실 다소 이해하기 어려워 간단하고 명료하게 쓰였더라면 하는 아쉬움이 남는다. 그럼에도 판매되는 책 중에서 유

도서 소개

일하게 해당 주제를 철저하게 다룬다.

『타로의 비밀 언어The Secret Language of Tarot』

루스 안 앰버스톤Ruth Ann Amberstone, 월드 앰버스톤Wald Amberstone

타로 카드의 일반 상징들에 대해 흥미로운 연구를 소개한다. 이론 상 어떤 덱이든 적용할 수 있지만 RWS에 기반해 설명한다. 시각적, 상징적 패턴을 찾는 데 도움을 준다. 타로 리딩을 시각적 측면에서 공부하고 싶은 사람들에게 멋진 동반자가 되어줄 것이다.

『타로의 이론과 실제Tarot Theory and Practice』

리 드 엔젤스Ly De Angeles

카드의 기본적인 의미와 전체 리딩을 만들어가는 매우 재미난 방법들을 소개한다. 카드 의미는 RWS에 기반하나 어떤 타로 카드로도 리딩이 가능하다. 질문에 대한 대답보다 정해진 리딩 방식을 개발해보고 싶은 사람들에게 이 책이 훌륭한 사례가 된다.

『타로의 지혜Tarot Wisdom』

레이첼 폴락Rachel Pollack

레이첼이 일생에 걸쳐 타로에 대해 연구하고 탐색하고 묵상한 여정이 매력적으로 담겨 있다. 그녀의 최고 작품이라 감히 말하고 싶다. 더할 나위 없이 좋은 책이다.

『파워 타로Power Tarot』

트리시 맥그레고르Trish MacGregor, 필리스 베가Phyllis Vega

초심사를 위한 책이고 출간된 지 오래되었다. 필자가 이 책을 오랫동안 사랑하는 이유 중 하나는 스프레드 100개가 실려 있기 때문이다. 이 책을 구입했다면 필자가 소개한 방법들을 이 책에 나온 스프레드에 적용해본다.

부록 A
흥미로운 고전 스프레드

　필자의 호기심을 자극한 고전 스프레드 두 개를 소개한다. 1955년 「운명 매거진」에 소개된 "예/아니오 신탁"(102쪽)처럼 진기하고 흥미롭다. 오래된 관행이나 스프레드에는 고유의 강점들이 있다. 첫째, 사람들이 카드를 리딩할 때 느끼는 그윽한 신비감은 뜻밖의 선물이 된다. 논리적이고 사전에 대비하려는 접근 방식을 취하는 우리의 명석한 머리는 우리 영혼이 그리워하는 신비 경험의 기회는 자주 놓친다. 둘째, 스프레드, 주문, 의식 등 오랜 세월 반복되는 것은 힘을 갖는다. 소개할 스프레드가 오늘날 우리가 보기에는 번거로워 보일 수 있다. 그러나 시간이 지나야 얻을 수 있는 권위가 있다.

　스프레드의 매력을 살리기 위해 원래의 표현대로 실었다. 대신 인용문 사이사이에 필자의 설명을 넣었다.

S. L. 맥그레고르 매더스, 1888

사무엘 L. 맥그레고르 매더스Samuel L. MacGregor Mathers는 황금새벽

회를 창립한 사람 중 한 명이고 타로에 관한 책을 여러 권 썼다. 그 중 하나가 『타로The Tarot』다. 이 책에는 카드에 대한 짧은 영적 탐색과 운명 예측이 실려 있다. 그는 자신의 스프레드 실행 방법을 설명하기 전에 리딩을 준비하는 방법에 대해 먼저 이야기한다.

"질문자는 카드를 두 가지 지점에서 주의 깊게 셔플한다. 첫째, 카드 일부를 거꾸로 뒤집는다. 둘째, 카드 위치와 순서를 완전히 바꾼다. 그러고 나서 컷을 한다. 셔플과 컷을 하는 동안 질문자는 알고 싶은 문제를 진지하게 생각해야 한다. 그렇지 않으면 카드를 제대로 리딩할 수 없기 때문이다. 이 셔플과 컷은 세 번 반복한다."

매더스는 책에서 카드 위쪽에 카드 의미를 적고, 카드 아래쪽에 역방향 의미를 적으라고 한다. 그 부분이 흥미로웠다. 그는 카드의 정방향과 역방향 키워드를 모두 카드의 키워드 목록에 포함시켰다. 그리고 그것이 어떤 질문에 대한 대답이든 모두 유용하다고 말한다.

"먼저 78장의 카드 전체를 충분히 셔플하고 컷한다. 그러고 나서 맨 위 카드를 탁자 한쪽에 놓고 B라고 부르고, 두 번째 카드를 다른 한쪽에 놓고 A라 부른다.(이렇게 전체 팩이 A와 B라는 두 무더기에서 시작된다.)"

카드를 무더기로 나눠 셔플하려는 이 낯선 방식이 단순히 쉽게 명상 상태에 들게 하려는 의도인 줄 알았다. 그러나 케이틀린 매슈스 Caitlin Matthews(켈트 족의 영적인 전통에 관한 권위자. 영국, 아일랜드, 유럽 선조들

    부록 A 흥미로운 고전 스프레드

의 전통을 연구하였고 샤머니즘의 실용적인 가르침을 진했나. 60여 권의 책을 썼다. 옮긴이)로부터 그것이 과거, 현재, 가능성 있는 모든 미래라는 시간을 체질하는 일종의 상징적인 방식임을 알았다. 이런 개념은 그 행위에 훨씬 풍부한 감성을 실어 보다 의미있게 만든다.

"그러고 나서 세 번째와 네 번째 카드를 B에 놓고, 다섯 번째 카드를 A에 놓는다. 여섯 번째와 일곱 번째 카드를 B에, 여덟 번째 카드를 A에, 아홉 번째와 열 번째 카드를 B에, 열한 번째 카드를 A에 둔다. 이런 식으로 B에 두 장, A에 한 장씩 모든 카드가 끝날 때까지 계속한다. 이로써 A에는 26장, B에는 52장의 카드 무더기가 만들어진다."

마지막 카드를 B 무더기에 올리면 작업은 끝난다.

"이제 52장의 카드 무더기 B에서 맨 위의 카드를 새로운 위치에 놓는다. 이것을 D라 부를 것이다. 두 번째 카드를 또 다른 곳에 놓고 C라 할 것이다. 이렇게 C와 D라는 새로운 두 무더기가 만들어진다."

두 장의 카드로 D 무더기까지 나누고 작업이 끝난다.

"그러고 나서 세 번째와 네 번째 카드를 D에, 다섯 번째 카드를 C에 놓는다. 여섯 번째와 일곱 번째 카드를 D에, 여덟 번째 카드를 C에, 이런 식으로 52장의 카드를 앞에서 했던 방식으로 나눈다. 이제 세 무더기가 만들어졌을 것이다. A = 26장, C = 17장, D = 35장.

다시 D 무더기 35장에서 맨 위의 카드로 새로운 F 자리를 만들고, 두 번째 카드로 또 다른 E 자리를 만든다. 이렇게 새로운 E와 F 무더기가 만들어진다. 이제 F에 세 번째와 네 번째 카드를 놓고, E에 다섯 번째 카드를 놓고, 앞서 행한 방법으로 35장을 모두 나눈다."

마지막 카드를 E에 놓으면 작업이 끝날 것이다.

"이제 모두 네 무더기가 만들어졌을 것이다. A = 26장, C = 17장, E = 11장, F = 24장. F 무더기는 리딩에 사용하지 않고, 질문에도 관여하지 않으므로 옆으로 밀어둔다. 이제 A, C, E가 남았을 것이다."

매더스는 E가 11장의 카드, F가 24장의 카드라고 말한다. 하지만 필자가 여러 차례 해본 결과 그때마다 E는 12장, F는 23장이었다. 결국 필자는 그가 말한 숫자와 일치시키려는 시도를 포기하고 12장, 23장으로 사용했다.(옮긴이도 여러 차례 해보았으나 바버라의 말대로 E는 12장, F는 23장이 나왔다.)

"A 무더기 26장 카드를 오른쪽에서 왼쪽으로 카드 앞면을 위로 향하게 해서 말편자 형태로 배치한다(순서가 바뀌지 않게 조심한다). 맨 위에 있는 카드가 가장 오른쪽 귀퉁이에, 26번째 카드가 가장 왼쪽 귀퉁이에 배치된다. 앞서 설명한 대로(매더스가 자신의 책 서두에 제시한 개념을 사용한다는 뜻. 필자 주) 오른쪽에서 왼쪽으로 카드 의미를 리딩한다. 이것이 끝나고 관련된 대답이 만들어지면, 1번째와 26번째 카드를 가져와

　　　　부록 A 흥미로운 고전 스프레드

그 의미를 합쳐서 리딩한다. 그러고 나서 2번째와 25번째 카드 의미를 합쳐 리딩하고, 이런 식으로 마지막 짝인 13번째와 14번째 카드까지 리딩한다. A 무더기는 한쪽에 두고, 이런 방식으로 C 무더기를 리딩하고, 마지막으로 E도 같은 방식으로 리딩한다."

오래된 스프레드 상당수가 오른쪽에서 왼쪽으로 리딩한다는 기록은 흥미롭다. 오늘날 대부분의 리더들은 왼쪽에서 오른쪽으로 리딩한다. 필자는 그가 하나의 대형에서 카드를 리딩하고 나서, 또 다른 대형으로 리딩하는 아이디어가 좋았다. 필자는 아치 형태의 리딩을 마치고 나서 카드를 이동해 짝을 만들었다. 하나의 질문에 대한 대답 또는 특정 상황에 관한 정보를 보기 위해서였다. 필자가 아무리 카드를 많이 사용하는 스타일이라 하더라도(필자는 카드가 많으면 이야기도 많아진다고 생각한다) 이 경우는 너무 많았다.

매더스의 방식대로 몇 차례 해보고 단축 버전을 개발했다. 그리고 매더스 스프레드 현대 버전이라 이름을 붙였다. 하나의 스프레드를 1부와 2부로 구분해 리딩할 수 있다.

1부

1~3 과거

4~6 현재

7~9 미래

위 순서대로 카드를 해석하고 나서 카드를 이동시켜 짝을 만든다.

매더스 스프레드 현대 버전 1부

매더스 스프레드 현대 버전 2부

예측 스프레드

그리고 다음과 같이 해석한다.

2부
5 질문자의 영향력
1과 9, 2와 8 등(각 카드 짝) 상황에 영향을 주는 요소들

같은 카드인데 포지션이 달라져서 해석이 바뀌는 것을 보는 것은 흥미롭다. 1부에서는 상황을 살펴본다. 특히 중요한 것은 가능성 있는 미래다. 2부에서는 질문자에게 초점을 맞춘다. 그가 미래에 영향을 미치거나 활성화하거나 변화시킬 어떤 행동을 할 수 있는지 살펴본다.

1972년 라이스 게임스Reiss Games에서 출간한
『타로The Tarot』의 예측 스프레드

이 스프레드는 앞으로 어떤 일이 일어날지, 그 결과는 어떻게 될지 구체적으로 묻고 싶을 때 사용한다.

리딩이 잘되려면 타로 카드 셔플이 매우 중요하다. 질문자가 셔플하게 한다. 그렇게 카드와 개인적 "접촉"이 이루어지고, 카드와 그의 잠재의식 사이에 교감이 형성된다. 덱으로부터 "됐다"는 느낌이 있을 때까지 시간을 할애해 충분히 셔플한다.

왼손으로 덱을 세 무더기로 컷한다. 무더기마다 원하는 만큼 셔플한 뒤 마지막에 한 무더기로 합친다. 이 과정을 세 번 반복한다. 모든 카드가 같은 방향으로 놓일 필요는 없다. 카드를 리더에게 넘긴다.

질문자가 카드를 셔플할 때는 자신의 미래 관련 질문에 집중한다. 그리고 무작위로 카드 15장을 뽑는다.

리더는 카드 앞면을 아래로 향하게 해서 앞의 그림처럼 카드 15장을 모두 배치한다. 그리고 아래의 순서에 따라 뒤집는다.

- 카드 1, 2, 3을 뒤집는다. 질문자의 현재 환경을 보여준다.
- 카드 4, 5, 6을 뒤집는다. 질문자의 질문과 관련된 요소들을 보여준다.
- 카드 7, 8, 9를 뒤집는다. 질문자가 극복할 장애물을 보여준다.
- 카드 10, 11, 12를 뒤집는다. 질문자에게 일어날 예상 밖의 일을 보여준다.
- 카드 13, 14, 15를 뒤집는다. 질문자가 성취할 수 있는 것을 보여준다.

참조: '9 컵'은 소망 카드로 알려져 있다. 질문자의 질문이 소망과 관련되어 있고, 이 카드가 포지션 1~6에 나타나면 그 소망은 이미 실현되었음을 의미한다. 포지션 7~9에 나타나면 이뤄지지 않을 가능성이 높다. 포지션 10~15에서 나타나면 지연되고 있지만 결국 실현될 것이다. 만일 15장의 카드 어디에도 없으면 타이밍에 대한 메시지는 없는 것이다.

물론 자기만의 방식으로 편하게 한다. 그러나 앞에서 설명한 셔플 방법을 몇 번은 시도해보자. 필자는 리드미컬한 동작이 흥미로운 명

  부록 A 흥미로운 고전 스프레드

상 상태를 만들어 리딩에 도움이 된다고 생각한다.

대부분의 고전 스프레드는 소망의 실현 여부를 포함한다. 일반적으로 소망 카드인 '9 컵'이 있는지로 알 수 있다. 필자는 이런 고전적인 관행을 선호하지만 모든 리더가 그런 것은 아니다. 이런 관행을 업데이트한다면 더 유용하게 활용할 수 있다. 이 카드를 소망 카드로 리딩하지 않고 타이밍 카드로 사용하는 것이다(그 밖에 지정하고 싶은 무엇이든). 질문이 타이밍과 관련되면 이 스프레드나 자신이 사용하는 스프레드에서 일부 포지션이나 구간에 시간 범위를 할당한다.

원소의 위엄을 활용하거나 관심이 있다면 이 스프레드에 잘 어울리므로 시도해본다.

원소의 위엄

리딩에 원소의 위엄을 적용하는 것은 간단하다. 해석할 때 그 옆의 카드를 같이 고려한다. 다음에 설명하는 원소 관계를 이용한 결과를 카드 의미에 엮는 것이다.

예를 들어 '3 컵'(자연스레 일어난 예상치 못한 기쁨이나 즐거움)이 나왔다고 하자. 그 옆에 '5 완드'가 있다. 5든 다른 숫자든 그것이 중요한 것이 아니라 슈트가 중요하다. 완드 슈트는 불 원소와 상응한다. 완드 슈트는 불 원소이고, 컵 슈트는 물 원소다. 따라서 둘은 대극 관계로 서로를 약화시킨다. 자연스레 생긴 기쁨이나 즐거움이 완드/불로 인해 약화되거나 줄어들어 그다지 크지 않을 것이다.

원소의 위엄을 고려할 때 그 카드를 단어로, 그 옆의 카드를 수식어로 삼는다. 수식어는 글에 밑줄이나 느낌표를 추가하듯 그 의미가 강화될 수 있다. 또는 "약간"이나 "그저 그런"이라는 수식어로 그 의미를 약화시킬 수 있다.

- 원소가 같은 카드는 서로를 강화시킨다.
- 완드(불)와 소드(공기)는 능동적인 성질을 띠며 서로를 지지한다.
- 컵(물)과 펜타클(흙)은 수동적인 성질을 띠며 서로를 지지한다.
- 완드(불)와 컵(물)은 대극 관계로 서로를 약화시킨다.
- 소드(공기)와 펜타클(흙)은 대극 관계로 서로를 약화시킨다.
- 완드(불)와 펜타클(흙)은 서로에게 영향을 거의 주지 않는다.
- 소드(공기)와 컵(물)은 서로에게 영향을 거의 주지 않는다.

원소가 강화된다고 해서 긍정적인 상황을 의미하는 것은 아니다. 긍정적이든 부정적이든 그 경험이 강화되거나 심화되는 것을 의미한다.

불과 공기는 능동적인 것으로 간주한다. 활동적인 에너지로 움직이고, 창조하고, 실행한다. 또 빠른 움직임을 나타낸다. 현재 이 에너지가 존재하면 돌아다니면서 일을 만들고 그것이 빠르게 일어난다.

물과 흙은 수동적인 것으로 간주한다. 수동적인 에너지로 머물러 있고, 반응하고, 형성한다. 또 느린 움직임을 나타낸다. 수동적인 에너지는 무언가 일어나기를 기다린 후에(그래서 느리다는 개념) 반응한다.

물과 불 또는 공기와 흙이 같이 있으면 그 결과는 서로를 약화시키는 것으로 나타난다. 대극 관계이므로 서로 싸우고 충돌을 일으키는 에너지로 상황이 그것을 입증할 것이다.

불과 흙 또는 공기와 물의 조합은 중립적인 것으로 간주한다. 그들은 서로에게 거의 또는 전혀 영향을 미치지 않는다.

시그니피케이터

시그니피케이터significator는 리딩에서 질문자를 나타내기 위해 사용하는 카드다. 매우 전통적인 관행이다. 오늘날 리더들 사이에서는 시그니피케이터를 선택하는 방법과 일반적인 유용성(또는 무용성)에 대해 갑론을박한다. 시그니피케이터를 선택하는 전통적인 방법과 필자가 사용하는 방법 몇 가지를 소개한다. 먼저 시그니피케이터에 관한 몇 가지 우려에 대해 이야기하려 한다.

전통적으로 덱에서 시그니피케이터 카드를 뽑아 리딩할 때 옆에 둔다. 이것이 중요하다고는 하는데 그 방법에 대해 정확하게 알려진 것은 없다. 그런 이유로 오늘날 리더들은 시그니피케이터를 사용하는 것이 아무 이유 없이 덱에서 카드를 없앤다고 생각한다. 시그니피케이터를 어떤 식으로 선택하느냐는 리딩에 큰 영향을 미친다.

가령, 오래된 관행 중에 여성 질문자는 '고위 여사제', 남성 질문자는 '마법사' 카드를 시그니피케이터로 사용한다. 오늘날 리더들은 질문자가 여자라는 이유로 '고위 여사제'를 사용하는 것은 말도 안 된다고 할 것이다. 그러나 여기에는 간단한 해결책이 있다. '고위 여사제'나 '마법사' 카드를 다른 덱에서 꺼내 사용하는 것이다.

질문자의 외모나 생년월일에 따라 시그니피케이터를 정하는 방법도 있다.

질문자의 나이를 이용하려면 아래 목록을 참조해 어울리는 코트 카드 위계를 선택하고 나서 질문자의 개성에 어울리는 슈트를 선택한다.

- 어린이나 젊은 여자는 "페이지"
- 젊은 남자는 "나이트"
- 성숙한 여자는 "퀸"
- 성숙한 남자는 "킹"

신체적 겉모습

완드: 금발 머리와 파란 눈에 해맑간 피부

컵: 밝은 갈색 머리와 파란색이나 적갈색 눈에 밝은 색에서 중간 색의 피부

소드: 검은 머리와 밝은 눈에 황록색 피부

펜타클: 검은 머리와 검은 눈에 어두운 색의 피부

별자리

완드: 양자리, 사자자리, 사수자리

컵: 게자리, 전갈자리, 물고기자리

소드: 쌍둥이자리, 천칭자리, 물병자리

펜타클: 황소자리, 처녀자리, 염소자리

개성

완드: 불같고, 열정적이고, 에너지 넘치는 사람

컵: 감성적이고, 창의적이고, 민감한 사람

소드: 지적이고, 논리적인 사람

펜타클: 현실적이고, 실용적인 사람

바버라의 시그니피케이터 방식

시그니피케이터를 사용할 때 필자는 두 가지 방식을 선호한다.

첫 번째는 기본적으로 많은 부분을 타로에 기댄다. 미리 정하지 않고 타로가 선택하게 한다. 평소대로 덱을 셔플하고 나서 첫 번째 카드를 시그니피케이터로 사용한다.

두 번째 방식은 질문자가 리딩에 능동적으로 참여하려는 성향일 때 적합하다. 질문자에게 덱을 건네 모든 이미지를 살펴보게 한다. 그러고 나서 지금의 느낌을 대변하는 카드 한 장을 뽑으라고 한다. 그 카드를 시그니피케이터로 사용한다. 리딩과 관련해서 질문자가 어떻게 느끼는지 알 수 있다.

때로는 리딩 결과가 질문자 마음에 들지 않을 수 있다. 그런 경우 결과가 만들어지는 데 있어 시그니피케이터 카드의 역할에 대해 이

  부록 C 시그니피케이터

야기를 나눈다. 질문자에게 더 나은 결과를 만들 수 있는 어떤 사람이나 에너지를 보여주는 또 다른 시그니피케이터 카드를 선택하게 한다. 그러고 나서 질문자가 자신의 삶에 그런 에너지나 속성을 취하거나 활성화시킬 수 있는 행동 단계에 대해 이야기를 나눈다.

사용하고 싶지 않은 덱이나 잃어버린 카드가 있어 리딩에 사용할 수 없는 덱이 있으면 그 덱에서 질문자가 시그니피케이터를 선택하게 한다. 리딩이 끝나고 배운 것을 상기하도록 질문자에게 주어 가져가라고 한다.

시그니피케이터는 고풍스런 옛 관행으로만 치부될 쓸모없는 개념은 아니다. 우리가 어떤 테크닉을 사용하든, 시그니피케이터를 사용하든 하지 않든, 우리의 믿음이 반영된다는(또는 상징적 행위로 나타난다는) 사실이다. 타로의 모든 것이 상징적이고, 거기에는 세상이 어떻게 돌아가는지에 대한 자신의 신념이 깔려 있음을 기억하자.

오늘날 대부분의 리더들은 질문자의 신념이 그 자신의 삶에 일어나는 사건에 (전반적으로) 영향을 미친다고 생각한다. 그것이 자신에게 사실이면 사실인 것이다. 따라서 질문자는 리딩에서 가장 중요한 요소다. 심지어 시그니피케이터라는 단어 자체가 질문자는 자신의 리딩에서 중요하다는 개념에 공명하고 있다.

질문자가 중요하고 그 자신의 인생에 영향을 미치는 역할로 생각한다면, 질문자를 보여주는 카드를 한쪽에 치워둔 채 나머지 행위에만 집중하지는 않을 것이다. 카드가 보여주는 질문자의 에너지는 그 리딩에 나온 모든 카드에 상당한 영향을 미칠 것이다.

이런 이유로 시그니피케이터를 이용할 때 필자는 각 카드 옆으로 이동해서 짝으로 리딩한다. 짝으로 리딩하면 단독으로 할 때와 또 다르다. 모든 카드를 시그니피케이터와 관련지어 리딩함으로써 각 카드에 질문자의 에너지와 힘과 영향력이 통합된다. 또한 다른 카드가 질문자에게 어떤 영향을 주는지도 알 수 있다.

시그니피케이터에 대한 결정은 자신의 신념을 숙고하는 데서 출발한다. 그것을 반영해 결정하라. 타로 리더로서의 목표와 리딩의 목적을 명확히 하라. 시그니피케이터 사용은(또는 사용하지 않든) 그러한 지향점들을 잘 받치고 있어야 한다. 스프레드 자체가 그렇듯 이런 결정 역시 그 자체로 타로 리더로서의 작업을 더 수월하게 해줄 것이다.

옮긴이 연보라

오래 전 타로 카드를 접한 후 타로의 신비한 세계에 빠져들었다. 그 앎에 큰 진전을 이룬 것은 아니지만 모래알 같은 자각이 지금 여기에 이르게 하였다. 타로는 나를 관조할 수 있도록 돕는 삶의 훌륭한 반려 도구라 생각한다. 옮긴 책으로 『타로 카드로 보는 내 삶의 여정』이 있다.

골라보는 타로 카드 스프레드 74

1판 1쇄 발행일 2025년 6월 10일

지은이 바버라 무어
옮긴이 연보라

펴낸이 권미경 | 펴낸곳 무지개다리너머
주소 서울시 은평구 응암로 310 | **이메일** beyondbook7@gmail.com
팩스 0504-367-7201 | **블로그** blog.naver.com/brbbook
등록번호 제25100-2016-000014호(2016. 2. 4.) | ISBN 979-11-90025-08-9 03180